인생은 도전의 연속이다

파크골프백서

인생은 도전의 연속이다

초판 1쇄 인쇄 2025년 12월 29일
초판 1쇄 발행 2026년 1월 3일

지 은 이 | 천성희
펴 낸 이 | 김경옥
디 자 인 | 류요한
펴 낸 곳 | 도서출판 온북스

등록번호 | 제 312-2003-000042호
등 록 일 | 2003년 8월 14일
주 소 | 서울시 은평구 은평로 194-6, 502호
전 화 | 02-2263-0360
팩 스 | 02-2274-4602

ISBN 979-11-92131-38-2 03990

파 크 골 프 2 0 년

인생은 도전의 연속이다

파크골프백서

천성희 지음

온북스
ONBOOKS

삶의 시련은 나를 성장하게 한다.

대한파크골프연맹이 걸어온 길
삶의 걸림돌은 나의 능력을 키워주고 나를 성장하게 한다.

공적시상

대통령표창

- 통일부/통일교육위원

대중스포츠 대상

- 대한민국을 이끄는혁신리더 대상

사회적기업 대상

- 대한민국 사회공헌 대상

스포츠산업 대상

- 대한민국 인물 대상

골프산업 대상

- 자랑스런 혁신 한국인 대상

경제 활동을 하기위한 도전의 시간들

내 나이 40대 후반 가장이 된 나는 경제활동을 하기 위해서 창업에 관심을 가지고 있었는데 신문광고를 보고 직업 개발원에 경영컨설턴트 교육신청을 하게 된다. 개강 날 가보니 모두들 아들과 같은 연령의 청년들이고 여성으로는 혼자인 데다 저자가 나이가 제일 많았다. 교육생 중에는 자기 엄마와 나이가 같다고들 했다.

교육을 받고 경영 컨설턴트 자격증을 취득하게 된다. 그때가 1997년 IMF 시절이었다. 모두들 경제적으로 어려운 시기였다. 창업에 관심이 있는 사람들에게 컨설팅을 해주는 일이다. 경영컨설턴트 교육을 같이하던 아들 또래 동료들과 함께 ㈜창업정보센터 법인을 설립하여 사무실을 오픈하게 된다. 창업사업을 알리기 위하여 벼룩시장에 광고를 내기 시작한다.

1회당 광고비가 수백만 원으로 광고비가 만만치 않았다. 연속으로 광고하기에는 광고비용의 비중이 커져서 지인의 도움을 얻어 직접 신문을 발행하기로 한다. 기자를 모집하고 편집디자이너를 채용하고 매킨토시 컴퓨터 구입하여 2000년 6월 창업신문 창간호를 발행하게 된다.

IMF 경제적으로 어려운 시기여서 많은 분들이 창업에 관심을 가지고 상담하러 오셨다. 전화 문의와 찾아오시는 분들로 점심시간도 없이 늘 바쁜 시간을 보내면서 많은 분야에 사람들을 접하게 된다. 그러면서 창업아이템이 개발하여 창업자들에게 제공하기도 했다. 직접 메뉴를 개발하여 창업을 하는 보람을 느끼게 해준 사례도 있었다.

어떤 사람을 만나느냐
인연에 따라 인생길이 달라진다.

모든 일들이 상담으로 거치게 되고 수익이 발생하지 않아 동료들은 불만이 많았지만 상담하면서 많은 분야의 사업과 정보를 알게 되고 도와주면서 많은 지식을 얻게 된다. 사업의 경험을 하게 되면서 사회를 더 많이 알아가게 되면서 내가 하는 일이 수익보다 사회에 가치 있는 일을 하고 있다는 생각이 들었다.

상담 오시는 분들 대부분이 운영자금을 해결하고자 하는 사람들이었다. 은행에 대출관계인데 IMF 시절에는 거의 신용이 좋지 않아 만족한 결과를 못 드린 것에 안타까움도 많았다.

그 당시에 정부에서는 창업자들을 위한 소상공인 지원센터가 생기기 시작하였다. 정부에서 창업자들을 위해서 무료상담들이 생기니 우리는 더 이상 필요가 없겠다 생각하여 사업을 그만두게 된다. 소상공인 센터는 우리가 해결 못 하는 금융문제들이 해결되는 기관이어서 창업자들에게는 많은 도움이 되는 기관이었다. 우리에게 오시는 창업자들에게도 소상공인 센터로 소개해 주면서 우리는 창업컨설팅 사업을 접게 된다.

남은 신문사업에만 집중하게 된다. 신문은 어떤 사업을 하기 위하여 홍보용으로 하는 것이지 수익이 나는 사업은 아니었다. 신문사업을 하고 있던 중 한국여성지도자연합 대구회장으로 추천받게 되면서 여성지도자 중앙회(전 정무장관) 총재로부터 임무를 부여받아 파크골프의 길로 들어서게 된다.

그 시절 그 사람들

파크골프를 알리려고
점심 사는 핑계로 아는 사람들 불러내는 것이
일상이 되어버린 그 시절
만날 때마다 파크골프 이야기만 한다고
투정을 받아주던 그 사람들~
어쩌다 파크골프를 아는 사람을 만나면
반가워서 밥 사던 그 시절~
새벽 6시면 동료들이 다리 밑에서
나를 기다리던 그 사람들
잔디가 있는 장소만 보면 만 파크골프장을
만들어 달라고 보채던 그 시절
파크골프장이 생겼다 하면 어디든지
달려가던 그 시절
여름에는 수박, 겨울에는 커피 차에 싣고 다니며
그늘막에서 담소를 나누던 그 사람들
그때 그 사람들 지금은 어디에~

파크골프와 함께

자연 그대로의 잔디 위에
골프채 하나만 달랑 잡고,
4명이 한 조가 되어 잔디 위에서
대드라마를 연출한다.
가위바위보로 순서를 정하고,
순서대로 채로 목표지점을 공략하며
이어서, 다음 차례대로 멋지게 샷을 한다.
공은 포물선을 그리다가
늪에 빠져 미아가 되기도 하고,
직선으로 가다가 운 좋게 홀 컵에 근접하기도 한다.
채와 공이 순간에 부딪치는
경쾌하고 맑은 소리는 마음의 긴장을 풀어주고
짜릿한 전율을 선사한다.
골프가 부유층만이 즐기는 운동이라면
파크골프는 우리 서민들의 피부에 와닿아
시간과 장소 그리고 돈에 아무런 부담 없는 운동이다.
하면 할수록 기분 좋아지고
멋과 매력이 감도는 파크골프,
생활운동으로 거듭나 다 같이 100세 건강을 위하여.

파크골프와 20년

이 글은 파크골프 도입 초기부터 보급활동 20년 동안의 여정을 담은 백서이다. 파크골프의 시작은 우리나라에 없는 것을 처음 도입한다는 자부심으로 시작해서 보급 활동을 하면서 동호인들에게 책임감이 생기게 되고 신뢰받고 인정받기 위하여 파크골프를 안착시켜야 한다는 스스로의 사명감을 가지게 되었다.

새로운 종목의 스포츠가 국민스포츠로 발전하는 데는 많은 노력이 필요했고 많은 사람들과 함께 오랜 시간이 걸려 여기까지 왔다.

책을 내면서

파크골프의 현황

오늘에 파크골프가 많은 사람들에게 전파되어 인기상승에 있다. 파크골프가 이렇게 인기가 있을 거라고는 예상을 하지 못했다. 그 당시만 해도 공원에는 잔디 보호한다고 줄을 쳐서 "들어가지 마시오" 라는 팻말이 꽂혀 있었다. 잔디는 보기만 하는 것인 줄 알았기 때문에 쉽게 문을 열까 생각했었다. 현재는 옛날에는 보기만 하는 공간에서 현재는 활용하는 공간으로 인식되면서 잔디 보호 기간이 3월~4월까지 있지만 그 기간을 제외하고는 공원을 활용하는 잔디밭에서 공을 칠 수 있다. 공공시설이 휴장하는 기간에는 개인이 사유지에 파크골프장을 만들어 그 기간을 담당하고 있다. 파크골프 인구가 늘어남에 따라 산업도 함께 동반 성장을 하고 있다. 수입에만 의존하던 용구들이 국산화하여 많은 사업자들이 경제 활동을 하고 성장기를 맞이하고 있다.

21세기에는 인간존중과 환경을 중시하는 시대에 도래하여 인권의 권리가 생긴 것이다. 그만큼 개인의 도덕적 윤리가 더 요구되기도 하는 시대이다. 파크골프 도입 시에는 중, 장년층으로부터 인기가 있었지만 요즘은 여성, 4~50대 주부에게도 인기를 받고 있다. 장비가 간단하고, 파크골프장 접근성이 좋아 이용하기가 편리하고 경제적 부담이 적기 때문이다. 할아버지와 손자가 3대가 소통할 수 있는 길을 열어준다. 파크골프의 이념이 3대가 할 수 있도록 안전을 우선으로 하는 규정이 정해져 있다. 처음부터 그 이념이 마음에 공감을 가지게 했던 구절이다.

파크골프인구가 많아지자 지자체에서도 관심을 가지기 시작했다. 전국대회를 유치하여 관광효과를 보는 지역이 생겨나자 지자체마다 경쟁적으로 대형 파크골프장 만들어 전국파크골프 매니아들을 끌어 들리려 하고 있다. 아직도 일부 지역에서는 전국 파크골프 운영이 공공성이 안착되지 못하고 민원들이 발생하고 있다.

2012년부터 학교 학생들에게 보급하기 위해서 노력해왔으나 파크골프장은 온통 어른들이 장악해서 아이들이 연습할 수 있는 현장이 없다. 생각하다 스크린 파크골프를 생각해서 실내에서 교육을 하고 즐길 수 있도록 하기 위함인데 학교홍보부족으로 학생들보다 현재 장애인들의 활동 장소가 되고 최근에는 노인을 위한 복지관에 문화센터에서 교육용으로 많이 이용되면서 새로운 장르의 스포츠가 생겨 가족 간에 게임을 즐기는 문화가 생겨나고 있다.

앞으로 파크골프가 어디까지 발전할 것인가 기대가 된다.

Contents

Contents

Contents

지역사회단체 가입

지역신문을 하게 되면서 지역의 여러 분야 사회단체를 알게 되어 가입을 하게 된다. 어느 날 지인으로부터 한국여성지도자연합회 대구지부 여성지도자 대구지부 회장으로 추천받아 취임하게 되면서 여러 사회단체에 관심을 가지고 민주평통, 통일부교육위원 등 활동하게 된다.

그중에 당시아파트 부녀회장으로써 대구여성지도자 활동을 적극적으로 하였으며 지역 부녀회장님들의 여성교양 강연회를 매월 주최하면서 지역TV에 고정 방영되기도 했다.

그러던 중 대구시 여성지도자연합 회장으로 추천을 받아 취임하게 된다. 취임식에 한국여성지도자연합회 중앙총재(김○○ 전 장관)께서 "고령화 사회" 특강을 하게 되면서 파크골프를 알게 된다.

제5회 대구여성지도자 아카데미
21세기 여성지도자 리더십 강연회
● 장소 : 대구관광정보센터(영상실) ● 일시 : 2006년 3월 21일(화)14:00시
● 주최 : 대구여성지도자 아카데미 ● 후원 : TCN 대구방송 / 대구시 시설관리공단

여성지도자 강연회

국회의원 3선과 정무장관 역임, (사)한국여성지도자연합회 중앙총재로부터 대구시여성지도자 회장으로 임명을 받게 되면서 인연이 시작되었다.

대구여성지도자 100여 명이 모인 가운데 창립총회 행사로 계명대학교에서 초청 특강을 하게 되었다. 주제 "환경변화의 대응과 여성능력발전" 현수막을 내걸고 여성지도자들의 해야 할 일, 무엇을 해야 하는지에 대해서 강의하셨다.

총재님은 6남매를 키우면서 가사 도우미 없이 3선 국회의원을 하셨고 정무장관으로 살아온 인생 여정을 풀어 강의하셨다. 여성들의 역할과 사명감을 각인시켜 주셨다.

한국여성 지도자연합 대구지부 창립총회
환경변화의 대응과 여성능력 발전
(특강:최봉기 계명대교수)
2004. 3. 12

일본 노인들의 장수비결

총재님이 초청 강연회 오셔서 "여성지도자들이 해야 할 일이 있다. 일본에 가서 파크골프를 도입하여 노인들에게 보급하는 일을 하자"고 제의하게 된다. "우리나라는 고령화 사회로 가는데 노인들이 즐기는 문화가 없다"고 하시면서 우리나라 노인들은 노인들이 즐겨 하는 마땅한 운동이 없어서 경로당에서 고스톱을 즐겨 한다. 그래서 모두들 무릎이 안 좋아져서 고생하는 분들이 많다고 하는 것이다.

일본의 노인들은 평상시 파크골프를 즐겨 하면서 걷는 운동으로 무릎으로 고생하는 분들이 없고 장수하는 노인들이 많다는 것이다. 여성지도자들이 일본에서 배워와서 "파크골프는 서민들이 하는 골프"라 파크골프에 대한 설명을 하시면서 "우리 여성지도자들이 파크골프를 배워 전국에 보급하는 일을 하면 우리의 노년도 즐거워지고 국가를 위하는 일이 된다"고 하셨다.

1. 2003, 한국 파크골프 도입을 위한 협약

파크골프는 2003년 9월 김윤덕(전 정무장관)이 일본의 파크골프를 한국에 도입하기 위해서 각 학계 체육계 준비위원회를 구성, 전국, 서울, 부산, 대구 등 지부를 구성하여 2003년 12월 한국관광공사 발기인으로 대한파크골프연맹을 창립하여 2004년 1월 일본 IPGA 정회원 가입으로 일본의 파크골프의 규정을 서로 공유하는 국제파크골프 협회와 대한파크골프연맹이 협약체결 하게 된다.

2004年（平成16年）2月10日（火曜日）

自治体合併

陸別との枠組み示す

「本別町と考え方違う」

「池北3町」解消も

財政の推計を提示

幕別の国際パークゴルフ協

海外初の加盟 韓国協と調印

帯広で式典「歴史刻む第一歩」

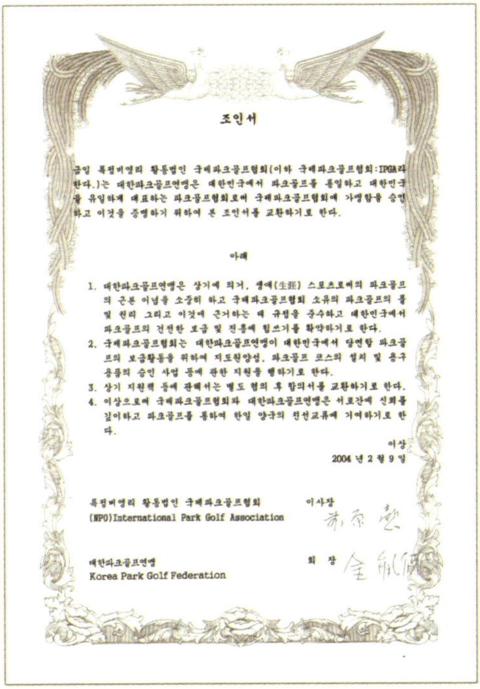

조인서

금일 특정비영리 활동법인 국제파크골프협회(이하 국제파크골프협회:IPGA라 한다.)는 대한파크골프연맹은 대한민국에서 파크골프를 통일하고 대한민국을 유일하게 대표하는 파크골프협회로써 국제파크골프협회에 가맹함을 승인하고 이것을 증명하기 위하여 본 조인서를 교환하기로 한다.

아래

1. 대한파크골프연맹은 상기에 의거, 생애(生涯) 스포츠로써의 파크골프의 근본 이념을 소중히 하고 국제파크골프협회 소유의 파크골프의 룰 및 권리 그리고 이것에 근거하는 제 규정을 준수하고 대한민국에서 파크골프의 건전한 보급 및 진흥에 힘쓰기를 확약하기로 한다.
2. 국제파크골프협회는 대한파크골프연맹이 대한민국에서 당면할 파크골프의 보급활동을 위하여 지도원양성, 파크골프 코스의 설치 및 용구 용품의 승인 사업 등에 관한 지원을 행하기로 한다.
3. 상기 지원책 등에 관해서는 별도 협의 후 합의서를 교환하기로 한다.
4. 이상으로써 국제파크골프협회와 대한파크골프연맹은 서로간에 신뢰를 깊이하고 파크골프를 통하여 한일 양국의 친선교류에 기여하기로 한다.

이상

2004 년 2 월 9 일

특정비영리 활동법인 국제파크골프협회 이사장
(NPO)International Park Golf Association

대한파크골프연맹 회 장
Korea Park Golf Federation

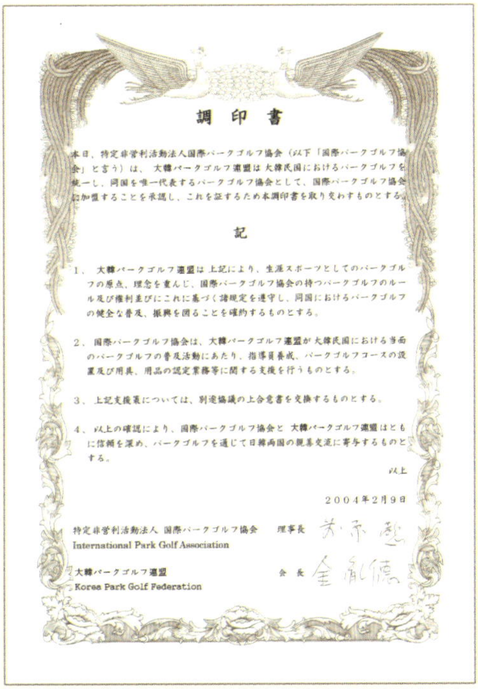

調 印 書

本日、特定非営利活動法人国際パークゴルフ協会（以下「国際パークゴルフ協会」と言う）は、大韓パークゴルフ連盟は大韓民国におけるパークゴルフを統一し、同国を唯一代表するパークゴルフ協会として、国際パークゴルフ協会に加盟することを承認し、これを証するため本調印書を取り交わすものとする。

記

1、大韓パークゴルフ連盟は上記により、生涯スポーツとしてのパークゴルフの原点、理念を重んじ、国際パークゴルフ協会の持つパークゴルフのルール及び権利並びにこれに基づく諸規定を遵守し、同国におけるパークゴルフの健全な普及、振興を図ることを確約するものとする。

2、国際パークゴルフ協会は、大韓パークゴルフ連盟が大韓民国における当面のパークゴルフの普及活動にあたり、指導員養成、パークゴルフコースの設置及び用具、用品の認定業務等に関する支援を行うものとする。

3、上記支援策については、別途協議の上合意書を交換するものとする。

4、以上の確認により、国際パークゴルフ協会と大韓パークゴルフ連盟はともに信頼を深め、パークゴルフを通じて日韓両国の親善交流に寄与するものとする。

以上

２００４年2月9日

特定非営利活動法人 国際パークゴルフ協会 理事長
International Park Golf Association

大韓パークゴルフ連盟 会 長
Korea Park Golf Federation

파크골프 한국도입을 위한 IPGA, KPGF 조인서

2. 2004, 한국 최초 파크골프지도자 연수교육 출국

2004년 3월 전국 한국여성지도자연합회 총재님과 함께 전국 지도자 19명이 함께 일본 파크골프 연수 교육을 받기 위해 파크골프를 배우기 위해 일본으로 출국하게 된 것이 한국 최초가 되었다.

2-1 일본 국제 파크골프 연수교육

일본에 도착하니 일본 국제 파크골프 협회에서 마중을 나와 환영을 해주었다. 영광스럽게 호텔에서 총재님과 룸메이트 되어 4일 동안 한방에서 지내게 되었다. 함께 지내면서 총재님의 소소한 삶의 이야기와 생활에서 검소함과 애국하는 마음을 알 수 있었다. 외국에 오면 개인이 아니라 한국을 대표한다는 것을 명심하라는 말씀에 국가관이 투철하다는 것을 느끼면서 나의 삶의 지침이 되는 선망의 대상으로 존경하게 된다.

대한 파크 골프 연맹 (KPGF)
제 1회 파크골프 지도자 연수
祝
장 소 : 후쿠오카 협 찬 : 국제파크골프 협회(IPGA)
연수 기간 : 2004.3.14 ~ 3.17

2-2 국제파크골프 라이센스

일본 국제 파크골프 지도자들의 파크골프 이론교육으로 파크골프장 설계와 시설에 대한 교육을 받고 이튿날 실기교육을 받는데 1 대 1로 친절하게 지도를 해주었다. 교육을 마치고 한국에서 파크골프 보급을 할 수 있는 국제 파크골프 라이센스를 수여받았다. 기념사진을 남기고 다음날 일본 파크골프장 여러 곳에 파크골프장 견학을 하게 된다. 특이한 것은 고분에서도 파크골프장으로 이용하고 있었으며, 쓰레기 매립장에도 파크골프장으로 이용하고 있었다. 일본에는 공원을 유용하게 활용하고 있다는 생각이 들었다.

교육을 마치고 일본에 사용하는 규정집과 시디와 홍보지를 수집하여 가지고 왔다.

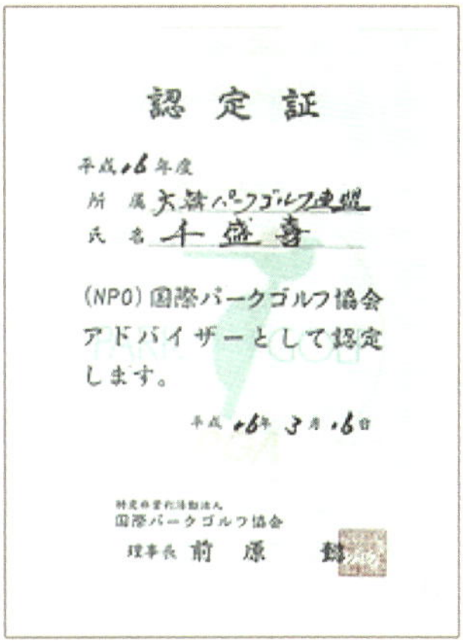

認定証

平成16年度
所属 大韓パークゴルフ連盟
氏名 千盛壽

(NPO)国際パークゴルフ協会
アドバイザーとして認定
します。

平成16年3月16日

特定非営利活動法人
国際パークゴルフ協会
理事長 前原

2-3 일본 파크골프장 관리는 노인 일자리

일본 파크골프장에는 노인들이 관리를 하고 있었다. 입장료 500엔으로 누구나 입장할 수 있으며 용구대여도 하고 있어 쉽게 가족들과 함께 즐길 수 있다. 파크골프 접근하기가 용이하게 가까운 동네 공원에 위치해 있었다. 노인들의 파크골프장을 잘 가꾸어서 파크골프장이 아주 깔끔했다. 노인 일자리로 안성맞춤이라는 생각이 들었다. 이용자들이 편리하게 파크골프 용구 대여와 판매를 하도록 하여 노인들의 수익금으로 하고 있었다.

2-4 일본의 유휴지는 파크골프장으로 활용

국가소유의 유휴지 파크 골프장은 어떻게 운영하고 있는지 구마모토시를 찾았다. 시장님은 일본의 파크골프장은 시 유휴지를 활용하여 파크골프장을 만들고, 노인들의 일자리로 구장마다 관리 하우스를 두고 입장료 500엔을 받고, 40%는 시청에 납부하고 있고, 이용자들이 편리하게 파크골프용구 대여와 판매를 하도록 하여 노인들의 수익금으로 하고 있었다. 우리나라도 고령화시대로 접어들면서 노인들이 일자리가 없는데 노인 일자리를 생각하게 되면서 우리도 할 수 있겠다는 자신감이 들었다.

銀杏(B)コース
火の国(A)コース

3. 국내 최초 파크골프 동아리 창립

한국에 돌아와서 일본의 파크골프가 머리에서 떠나질 않았다. 한동안 대구에 있는 공원마다 둘러보고 파크골프를 할 만한 곳을 찾아다니다 동료들의 소개로 북구 조그만 공원 현재(강변파크골프장) 밀리니엄 공원에 잔디가 있고 사람들이 많이 오지 않는 곳을 찾게 된다. 주변에 포장마차들이 있어서 모임을 하기에 먹거리도 해결되는 곳이라 안성맞춤이라 생각하고 연습장소로 정하기로 하였다.

대구시 여성지도자 20명 임원들은 단체명을 대구시파크골프연맹으로 전환하는데 동의하여 창립으로 대구 최초 파크골프 보급 활동을 시작하기로 한다.

파크골프여성지도자클럽

3-1 공원잔디에 들어가지 마시오 팻말

우리나라도 고령화 시대로 접어들면서 노인들이 일자리가 없는데 노인 일자리를 생각하게 되면서 자신감이 들었다. 돌아오는 비행기에서 토론이 벌어졌다. 한국에서는 "잔디에 들어가지 마시오" 라는 팻말이 꽂혀져 있는데 한국에서 일본처럼 공원에 파크골프장을 설치할 수 있을까? 의문이 들었다. 총재님은 "우리가 할 수 있도록 만들어 가야지" 하신다. 한국에 돌아와서도 장관님께서는 전국지방자치단체 파크골프장 시설하도록 힘써 주시길 기대하게 되었다. 우선 파크골프장도 없는 곳에서 어디서 시작해야 하는지 막연했다.

3-2 2004, 대구시 북구 밀리니엄 공원 파크골프 연습장으로

동료들과 임시 구장 하는 데는 필요한 기구들을 준비하게 된다. 잔디가 길어서 잔디를 깎아야 하기에 잔디 깎는 기계도 구입하고, 깃대는 낚싯대, 깃발을 준비하였다.

우선 잔디를 깎고 여성 동료들끼리 파크골프를 시험해 보기로 하였다. 처음엔 규정은 무시하고 흉내를 내기 위해 장판지를 중간에 20cm 둥글게 오려서 낚싯대를 중간에 꼽아서 일본에서 배운 대로 9홀로 만들어 실습 장소로 사용하는데 공원 관리원의 단속으로 몇 번이나 쫓겨나기도 했다. 몰래 하면서 이용이 불편해지자 참여했던 동료들이 흥미를 잃고, 포기하는 동료들도 생겼다. 당당하게 하기 위해서 대구시 하수처리과 공원관리 담당자를 찾아가게 된다.

공원 이용하는데 제한적으로 단속만 않기로 하는데 만족해야 했다. 나중에는 몰래 땅을 파서 플라스틱 화분을 묻어서 사용하고 올 때는 낚싯대를 빼고 낙엽으로 홀 컵을 덮어 놓고 이용하는 것을 반복으로 하니 불편하기도 하고 재미가 없어서 동료들이 이탈하기 시작한다. 환경사업소 소장님을 찾아가서 보채기를 여러 번, 홀 컵과 깃대만 설치하는 것으로 허락받는다.

조금씩 진전이 되어가는 것이 재미가 있어서 아는 지인들을 데리고 와서 동료들 15명에서 남성들도 참여하여 30명으로 늘어났다. 주변 포장마차에서 간식을 즐기는 재미로 오는 사람들도 있었다. 어떤 동료들은 파크골프가 너무 시시하다는 이유 등으로 한 명, 두 명 탈퇴하는 동료들도 있었다.

3-3 이동장비로 경산시 둔치에서

어디에서 하면 파크골프 진가를 보여줄까 찾다가 경산 둔치에 잘 가꾸어진 둔치가 있어서 임시 설치하여 체험하기도 했다. 잔디만 있으면 어디든지 체험할 수 있도록 이동 장비를 차에 싣고 다녔다. 인조잔디를 동그랗게 오리고 낚싯대를 접으면 차에 실을 수 있었다.

2005년9월 파크골프홍보 낙시대 이동홀편 (경산둔치)

4. 2004, 전국에 파크골프를 홍보하기 위한 제1회 한·일 파크골프 국제교류대회

서울연맹중앙 본부에서는 한국에 파크골프를 전국에 알리기 위한 "한·일 파크골프 국제교류대회" 전국대회를 2004년 5월 22일에 서울 올림픽공원 상설구장에서 개최하게 되었다.

국무총리, 서울시장, 일본 국제파크골프협회 회장(파크골프창시자)이 참석하여 축사를 하였다. 일본 국제파크골프협회에서는 한국에 파크골프 보급용으로 용구 72세트를 기증하였다.

이수성 (전 국무총리)

국제파크골프협회 가맹기념
제1회 韓·日
파크골프교류대회
대한파크골프연맹
PARKGOLF
국제파크골프협회(I·P·G·A)가 인정한 한국을 대표하는 대한파크골프연맹(K·P·G·F)

4-1 파크골프 창시자 축사

제1회 한일 파크골프 교류대회 개최에 있어

금일 NPG국제파크골프협회(IPGA)와 대한파크골프연맹(KPGF)이 공동 주최하는 "제1회 한일 파크골프교류 대회"가 여기 서울시 올림픽 공원 특설 파크골프 코스를 대회장으로 한국 각계의 내빈분들과 특별 협찬을 하신 북해도 여객철도 주식회사의 참석으로 성대하게 개최하게 된 것을 마음 깊이 감사드리는 바입니다. 이 교류대회에는 양국협회 관계자에 의한 "실행위원회"가 조직되어 지금까지 시간을 들여 대회 운영의 준비를 진행해 왔습니다.

지금에 이르기까지 한국의 국민체육진흥 공단에서는 올림픽 공원 사용 허가를 시작으로 각별하게 이해와 협조를 받아 마음 깊이 감사를 드리는 바입니다.

파크골프가 한국에 소개되기까지의 경위는 지난해 여름 이후 파크골프에 관심을 가진 "김윤덕" 회장을 시작으로 뜻이 있는 여러분들에 의한 IPGA 시찰이 그 시작이라고 할 수 있겠습니다.

이렇게 교류를 계속한 결과 한국에서 작년 12월에 "대한파크골프연맹"을 설립하였습니다. IPGA로써는 한국에 파크골프 보급 진흥을 위해서 한국을 대표하는 조직으로 KPGF와 동맹을 맺고 협력과 연대를 긴밀하게 할 필요성을 인식하고 금년 2월 9일 양 협회의 조인식을 교환하게 된 것입니다.

이에 의거하여 IPGA는 KPGF(대한파크골프연맹)을 한국을 대표하는 유일한 조직으로 인지하는 것을 시작으로 KPGF는 IPGA가 정한 룰과 제 규정, 권리를 엄수하고 IPGA는 한국에서 당면의 보급 활동에 있어 지도원 육성, 코스의 설치, 용구·용품의 공인 업무 등의 지원을 하기에 이르렀습니다. 한국에서 파크골프 보급은 지금부터입니다. 코스 만들기에서 시작으로 애호가를 육성하기 위해서는 과제도 많다고 생각하지만, 파크 골프는 환경에 친근하고 누구라도 가볍게 즐길 수 있는 스포츠라는 것을 알리기 위해서 실제로 파크 골프를 접하는 기회가 필요합니다.

금일의 교류 대회도 조인서의 취지를 살려 사업의 하나로써 개최된 것이므로 양 협회는 이념 그대로 양 국민의 친선 교류에 조금이라도 기여할 수 있기를 희망합니다.

참가하신 선수의 여러분, 처음으로 파크 골프를 체험하는 사람도 일본의 베테랑 선수분들도 이 교류 대회가 문자 그대로 친선 제1의 이벤트임을 아시고, 이것을 계기로 파크골프라고 하는 스포츠가 한국에서 이해될 수 있는 계기가 되고 일본과의 교류가 계속되기를 바랍니다. 여러분 모두 즐거운 하루가 되시기를 바라며 인사를 마칩니다.

(2004. 5. 22.)

특정비영리활동법인(NPO법인) 국제파크골프협회

이사장 마에하라 아쯔시

4-2 일본 IPGA 파크골프용구 72세트 협찬 한국 전국지도자들에게 17세트씩 보급용으로 배분

일본 국제파크골프협회에서 한국에 파크골프 보급하는데 협찬으로 파크골프용구 72세트 협찬받은 것은 그날 참가한 사람들이 한국 최초로 파크골프 체험하는 시간이었다. 연맹본부에서는 홍보물 카달록, 교육용 CD를 제작하여 지역연맹에 나누어 주고 각 지역 지도자들이 지역에서 파크골프 보급 활동에 적극 참여하여 줄 것을 주문하셨다.

연맹 본부에서는 파크골프 보급을 위한 각종 홍보물과 목포, 대전에서 전국대회 행사를 개최하는 등, 뉴~스포츠로 신문 방송으로 언론에 알리게 된다.

도입한 후 처음 하는 행사로 신문 방송으로 뉴~스포츠로 언론에 알리게 된다. 총재님은 일본에서 기증한 파크골프 용구를 지역마다 17세트씩 나누어 주고 보급하도록 하였다.

4-3 용구 공급 수급 문제

날이 갈수록 회원들이 늘어나는데 파크골프 용구 공급이 잘 안 되고 있었다. 연맹본부에서 몇 개씩 내려 주는 것도 단절이 되어 채 1개로 4명씩 돌려가며 사용하고, 회원들에게 용구 조달이 어려워져 보급에 차질이 생기게 되었다. 당시에는 국내 파크골프가 잘 알려지지 않아 용구 구입이 어려웠다. 파크골프 보급을 하기 위해서는 누군가 파크골프 용구 수입은 해야 했었다.

총재님에게 용구 보급을 독촉하게 된다. 방법은 직접 용구를 수입해야 하는데 그렇게 하면 처음 파크골프 도입의 목적이 잘못 오해를 받을 수 있다며, 저자에게 방법을 찾으라 하여 그동안 하던 신문발행 사업을 전환하여 파크골프 용구를 수입을 하기 위해 일본에서 가져온 파크골프 전문지에 파크골프용구 업체들의 연락처를 확보하고 지인 중에 일본인의 통역 도움으로 일본업체와 소통을 할 수 있게 되면서 용구를 처음으로 수입하게 된다.

처음으로 일본에서 물건을 수입하는 것이라 신기하고 설레기도 했다. 그때만 해도 장사라는 개념은 없어 편의상 저자가 일본에서 구입해서 회원들에게 전달해준다는 생각으로 이윤 없이 전

파크골프용구수입판매

달해 주었다. 나중에 세금으로 많은 손실을 입게 되어 사업의 원리를 알게 되었다.

시설은 최초 북구공원에서 장판지를 사각으로 잘라서 중간에 20cm 둥글게 오려서 낚싯대를 중간에 깃대로 사용하였다. 다음에는 화분 20cm을 구매하여 깃대는 낚싯대를 사용하다가 다음에는 플라스틱 하수관을 잘라서 사용하다가 정식으로 파크골프장 시설을 하게 된 경우 일본 상품 샘플로 1개식 주문해서 제작소에서 대량 제작하게 되었다. 나중에 우리가 만든 시설용품들이 타사업자들의 샘플로 재생산되어 시중에 판매가 되고 있다.

KPGF (사)대한파크골프연맹 인증품

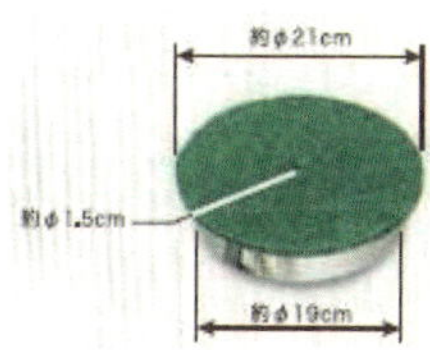

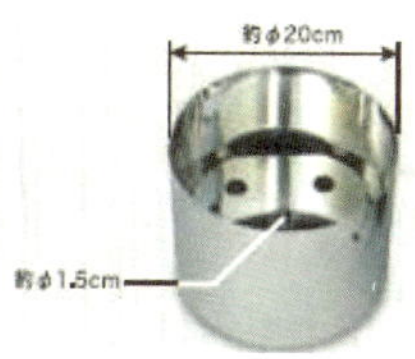

4-4 지역파크골프용구 반환으로 경찰서 소송

중앙에서는 지역마다 보급한 파크골프 용구 점검을 하기에 이르렀다. 한·일 친선대회 시에 지역마다 책임자에게 17세트씩 나누어 준 파크골프용구(클럽과 공)를 대구에서는 당시 총재님께서 본인이 추천한 K 회장에게 배급한 것이 있었다.

총재님께서 보급용으로 사용되지 않고 있다며 수거해 달라고 하셨다. 본인이 소개하여 준 것이니 책임을 느끼며 반환해 달라고 하였으나 당사자는 그 용구들을 공동의 것이 아닌 개인의 소유라고 하며 개인에게 판매도 해버리고 받을 수가 없었다.

언쟁으로 인해 K 씨는 명예를 훼손했다 해서 경찰서에 고소를 하는 등 총재님까지 동원되어야 하는 상황이 되었다. 본인이 믿어도 된다고 소개해 준 탓에 본인이 벌금으로 마무리하게 되었다.

그런데 파크골프 용구 건으로 일상생활을 할 수 없었다며 위자료까지 청구하여 결국에는 무효로 끝이 났지만 경찰서에 해명하려 다닌 것만으로도 불필요한 시간 낭비로 너무 황당한 사건을 경험하기도 했다.

4-5 2004, 파크골프교재 번역 제작

대한파크골프연맹에서 국내 최초의 파크골프 규정집 발행 우리나라에는 대한파크골프연맹 법인을 설립하여 당시의 IPGF 국제 파크골프협회와 대한파크골프연맹이 파크골프 룰과 규정을 공유하기로 협약한 일본어로 된 교재를 가지고 왔었다. 대구 교수님에게 의뢰하여 한글로 번역 재정비하여 지도자양성 교육하는데 교재로 사용하기 위해 사비로 제작하여 전국에 보급하기도 했다.

파크GOLF 룰북
가족과 함께하는 생활체육
대한파크골프연맹
Korea Park Golf Federation

4-6 파크골프 홍보용 카달록 제작 배포

각종 청소년, 스포츠 행사에 파크골프를 소개하게 되고 언론에 홍보하는 기사를 내보내기도 하여 많은 노력을 기울이게 된다. 당시에는 각종 홍보지와 연맹 깃발에 로고는 일본과 같은 (일본협회로고) 딱따구리를 사용하여 운영비 및 홍보비는 자체 출현해야 했다. 파크골프를 홍보하기 위해서는 파크골프가 어떤 스포츠인지 알리는 것이 우선이라 생각했다. 카달록을 번역하여 제작하고 일본 동영상을 활용하고, 모든 것들은 필요한 사람의 자비로 지출하게 된다.

대한파크골프연맹
KOREA PARK GOLF FEDERATION
PARK GOLF
PARK GOLF
운영지도 | 한국여성지도자연합 대구지부
T.636-4141 / H.011-520-3200
생활체육교실문의: 이한조 H.011-511-6030
환경 친화적인 3세대' 스포츠
PARK GOLF
3세대가 함께하는 친환경 생활스포츠
국민생활체육 울산광역시 파크골프연합회
ULSAN PARKGOLF FEDERATION

4-7 2005년 파크골프전국대회

파크골프 홍보를 위한 전국대회를 최초로 대전에서 개최하였다. 대전 갑천내천에 풀밭인데 1일 사용허가를 받아 대회를 개최하게 된 것이다.

동료들에게 뿌듯한 마음으로 파크골프 전국대회도 있잖아 하면서 동료들끼리 똑같은 유니폼을 입고 참가하여 대구팀이 최고로 빛이 났다. 거기에서 밀양팀들을 만나게 된다. 밀양에는 파크골프장 54홀이 있다는 것이다 그 당시는 전국에 파크골프장이 전무하여 전국에 뉴스거리가 되었다. 그날 대회에서 대구팀이 1등을 하여 상을 받았다.

이튿날 우리 동료들과 같이 당장에 밀양으로 달려갔다. 가는 길에 가창 찐빵을 간식으로 사들고, 청도역에서 감 1박스 사들고 가서 밀양 동료들과 같이 나누면서 공치고 친목하는 재미도 쏠쏠하게 느껴졌다.

5. 2005, 중국 대화 파크골프협회와 협약 체결

총재님께서 중국에서 파크골프를 도입하려고 하니 우리가 전달하고 협약식을 가져야 하니 준비하라는 것이다. 한국에도 아직 보급이 안되고 있는데 중국까지 가서 보급해야 하나 생각하면서, 대구여성동료들과 함께 따라나섰다. 중국 위해시 공항에 내리니 마중 나온 사람들이 우리를 데리고 검열도 거치지 않고 바로 밖으로 나오게 되었다. 중국에서 지위가 있으신 분으로 생각이 되었다. 벤츠가 대기해 있었고 규모가 큰 호텔에서 시청 공무원들이 환영식을 해주기 위해 모두들 대기하고 있었다. 한국에 장관을 하신 분이라 우리도 함께 대접받는 영광을 누리게 되었다. 우리와 협약한 단체는 중국 대화 파크골프협회였다.

그들은 당장에 위해시 바닷가에 파크골프장을 만들고 파크골프 학교까지 만들려고 한다고 통역사가 알려주었다. 너무 부러웠다. 우리는 파크골프장 만들기가 너무 힘이 드는데 중국은 공산국가라서 국가가 하려면 마음대로 할 수가 있겠다 생각했다. 돌아올 때는 북경을 둘러 관광도 하면서 장관님과 더욱 친분이 생기게 되었다. 얼마 후 중국에서 파크골프장 개장을 한다고 초대장이 왔다. 당시에만 해도 대구에는 파크골프장이 없던 시절이라 회원들이 많지 않았다. 중국에 같이 갈 사람이 없어서 가지 못했더니 이메일로 개장식 하는 사진을 보내왔다. 대국이라 시내 한가운데 파크골프장의 규모도 크고 너무 좋아 보여 준공식에 못 간 것이 후회되었다.

우리가 중국에 파크골프를 전달했지만 파크골프장은 중국이 먼저 생기게 되었다.

조인서

금일 사단법인 대한파크골프연맹 (이하 "KPGF"라고 한다) 과 대화파크국제골프가 중국내에서 파크골프를 보급 및 활성화시키는 단체 (대한파크골프연맹과 합의를 통해)임을 증명하기 위하여 아래와 같이 본 조인서를 교환하기로 한다.

—아 래—

1. 대화파크국제골프는 상기에 의거, 생활스포츠로써의 파크골프의 취지를 숙지하여, 대한파크골프연맹이 정하는 파크골프의 룰과 권리 등 제 규정을 준수하고 중국에서 파크골프의 건전한 보급 및 진흥에 힘쓰기로 확약한다.
2. 대한파크골프연맹은 대화파크국제골프가 중국에서 파크골프의 보급활동을 위하여 지도자 양성, 파크골프 코스의 설치 등 승인 사항등에 관하여 대화파크국제골프와의 별도합의에 따라 지원하기로 한다.
2. 대한파크골프협회와 대화파크국제골프는 서로간의 신뢰를 바탕으로 파크골프를 통하여 한-중 양국간의 생활스포츠교류에 기여하기로 한다.

2005년 5월 27일

大华帕克(北京)国际高尔夫体育交流有限公司 총재
CHINA DAHUA PARK.GOLF

사단법인 대한파크골프연맹 총재
KOREA PARK.GOLF FEDERATION

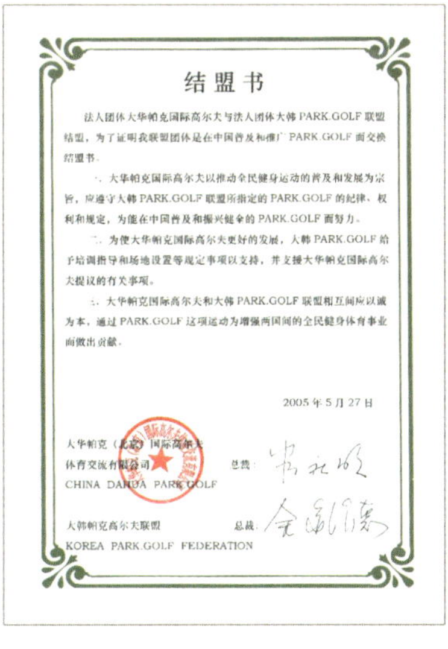

结盟书

法人团体大华帕克国际高尔夫与法人团体大韩 PARK.GOLF 联盟结盟，为了证明我联盟团体是在中国普及和推广 PARK.GOLF 而交换结盟书。

一、大华帕克国际高尔夫以推动全民健身运动的普及和发展为宗旨，应遵守大韩 PARK.GOLF 联盟所指定的 PARK.GOLF 的纪律、权利和规定，为能在中国普及和振兴健全的 PARK.GOLF 而努力。

二、为使大华帕克国际高尔夫更好的发展，大韩 PARK.GOLF 给予培训指导和场地设置等规定事项以支持，并支援大华帕克国际高尔夫提议的有关事项。

三、大华帕克国际高尔夫和大韩 PARK.GOLF 联盟相互间应以诚为本，通过 PARK.GOLF 这项运动为增强两国间的全民健身体育事业而做出贡献。

2005 年 5 月 27 日

大华帕克（北京）国际高尔夫体育交流有限公司 总裁
CHINA DAHUA PARK.GOLF

大韩帕克高尔夫联盟 总裁
KOREA PARK.GOLF FEDERATION

大华国际PARK GOLF加盟国际PARK GOLF联盟
（韩国）认证签字仪式

大华国际帕克高尔夫

5-1 중국 대화 파크골프협회 위해시 파크골프장 개장식 사진

(중국에서 이메일로 보내온 사진)

6. 2005,밀양 파크골프장에서 교육

밀양 파크골프장은 54홀로 훌륭한 구장이었다. 대구에는 이런 구장이 언제 생기게 되나 생각하면서 부러움의 대상이었고, 영남지역에서는 거의가 밀양 파크골프장을 무료로 이용하고 밀양에서도 타지에서 오는 손님을 친절히 반겨 주었다.

그 후 우리는 대구 북구에는 흥미를 잃어버리고 밀양 파크골프장으로 가게 된다. 일주일에 2번씩 매주 가게 되었다. 갈 때마다 새로운 사람들을 태우고 가니 그 사람들에게 클럽을 양보하고 치고 나오면 기다리다가 차 태우고 오는 운전기사가 되어버렸다.

대구시에 파크골프장이 없는 관계로 거의 매일 밀양 파크골프장을 이용하게 된다.

2005, 밀양 파크골프장

파크골프장이 일반 골프장처럼 너무 잘 가꾸어져 있었다. 알고 보니 밀양천에 일반골프장을 만들었다가 동네사람들이 반대를 하여 파크골프장으로 바꾸었다는 것이다. 그런 구장이 있는 밀양회원들이 너무 부러웠다. 밀양 동료들은 우리가 온다고 그늘막을 일부러 만들어 놓고 기다리기도 했다. 동료들에게 파크골프의 자부심도 생기고 자랑스럽게 이야기할 수 있었다.

오는 길에는 청도역전 추어탕집에서 저녁을 먹고 청도 팔조령에서 커피 한 잔 마시고 돌아오는 것이 매번 밀양에 가면 돌아오는 코스로 정해졌다. 저자도 파크골프를 즐기는 모습들이 너무 보기 좋고 뿌듯하게 느껴져서 매주 2회, 3회, 매일 갈 때도 있었다.

전국에 밀양 파크골프장이 소문이 나서 전국에서 찾아오는 사람들이 많아졌다. 파크골프장 관리가 잘 되어있어서 전국에 모델이 되기도 하여 파크골프에 관심이 많은 사람들은 밀양 파크골프장을 찾는 관광지가 되었다.

파크골프를 처음 접하는 사람들은 밀양에 와서 파크골프 교육을 하니 회원들이 조금씩 늘어나기도 하면서 파크골프를 즐겨하기 시작하였다.

파크골프 재미를 느낀 사람들 때문에 거의 매일 가듯이 했다. 갈 때는 가창에 찐빵 올 때는 청도역전 추어탕집이 단골이 되었다. 물론 저자의 차로 운전하여 갈 때, 올 때 찐빵과 추어탕은 내 담당이 되어 버렸다. 당시에는 회비도 없었고 교육비도 없었다.

그냥 파크골프를 좋아해 주면서 동호인으로 이름을 올리는 것만으로 만족했다. 동료들이 자신들이 챙겨온 간식들을 파크골프장 그늘막에서 서로 나누어 먹는 것도 재미가 쏠쏠했다. 차 트렁크에는 항상 여름에는 수박을, 겨울에는 가스와 커피, 때로는 재미를 위해서 게임 상품도 마련하기도 했다. 비오는 날에도 비옷을 입고 하는 게임도 즐거웠고 회원들 간에 친목이 잘 되었다.

파크골프장

6-1 2005, 최초 파크골프3급지도자자격증 발급

당시에는 지정한 파크골프장도 없고 가설로 일시적으로 만든 파크골프장에서 1회성 전국대회를 개최하는 형편이라 지도자는 생각하지 못했었다.

밀양파크골프장에서 전국 지도자 교육을 공지하여 지도자 교육을 받기 위해 100여 명이 교육에 참가하였다. 이론은 농협 대강당에서, 실기는 밀양 파크골프장에서 대회를 통해 스코어 점수로 3급지도자 자격증을 발급하였다.

파크골프지도자라는 자부심으로 활동하도록 하였다.

2006년 8월 대구시달서구회원 파크골프강습 (밀양파크골프장)

6-2 2006, 생활체육회 가입하기

연맹중앙에서는 전국에 파크골프장 없이는 보급하는데 어려움이 있으니 지역마다 생활체육회로 가입하여 지자체 도움을 받으라고 한다.

지역의 유휴지 사용은 지자체 지원 없이는 어려웠다. 생활체육회는 지자체에서 지원을 해주는 단체이니 보급이 빨리 될 것이라 생각했다.

장기간 밀양 파크골프장 이용하기에는 경비도 많이 나가고 회원이 늘지 않아서 파크골프장을 만드는 데 도움을 받기 위해서 최선의 방법이라 생각하여 전국에서 대한파크골프연맹 깃발을 내리고 생활체육회 가입하기로 한다.

2006년 파크골프 홍보활동 = 교육, 거리홍보, 단체, 구장만들기

6-3 대구시 달서구 생활체육회 가입

지역 생활체육회 가입요건이 그 지역주소를 둔 20명 클럽이 5개, 100명의 회원이 되어야 가입할 수 있었다. 그 당시 대구 전체 회원이 50명 정도였는데 달서구 주소를 둔 회원이 100명이 되지 않았다. 당시 저자는 강산타운 부녀회장으로 있었기에 부녀회원 모임에서 파크골프를 소개하면서 회원이 되어 주기로 약속하고 100명의 서명을 받아 달서구 생활체육회 제출하게 된다.

생활체육회 담당 왈. "여성들만 하는 운동입니까?" 그럴 만도 했다. 부녀회 여성 명단만 제출했으니, 설명을 하고 승인을 받아 "대구시 달서구 생활체육 파크골프연합회" 단체명으로 등록하여 인준을 받게 되어 대구에서 최초 달서구가 생활체육회 가입이 되었다.

여태까지 사용하던 대한파크골프연맹 깃발 (딱다구리)로고 내리고 전국에서 생활체육회 가입한 단체는 생활체육회 로고가 있는 깃발을 교체하여 사용하게 된다.

달서구 와룡공원, 수림공원, 호림공원에서 연습공간을 만들려고 노력하였으나 며칠씩 체험만 하고 지속적으로 이용할 수가 없었다. 공원 관리인들이 민원이 들어왔다며 1개월도 못 가고 철수하여 쫓겨 나가기가 일쑤였다.

철수하고 또 다른 곳에 설치하는 과정에서 홀 컵 등 시설도 잃어버리기도 하여 할 때마다 홀 컵을 새로 제작해야만 했다. 개인 사비로 상당히 지출되기도 했다.

밀양시 연합회장배 전국친선경기대회

2006년 4월8일 달서구 생활체육 파크골프 시범대회(와룡공원)

7. 2006, 밀양시 파크골프 자매결연식

대구 회원들은 대구에 구장이 없으니 동호인들은 매주 밀양 파크골프장을 이용해야만 했다. 밀양 파크골프장을 자유롭게 이용하기 위해서 대구 달서구와 밀양 연합회가 자매결연식을 제안하여 자매결연식을 하게 된다. 파크골프장 풀 뽑기에도 같이하고 밀양연합회에서는 우리가 쉴 수 있도록 그늘막을 만들어주어 편한 장소가 되었다. 고마운 마음에 그늘막에 필요한 의자 100개를 홀 티 100개 기증하여 서로 돈독한 사이로 친하게 지내면서 밀양 회원들은 대구시 회원들에게는 언제나 환대를 해주었고 파크골프장을 공동으로 이용하였다.

2006년 12월17일

밀양시파크골프연합회
대구시달서구 파크골프연합회
자매결연식 (밀양파크골프장)

8. 대구시 생활체육회 가입하기

당시에 과제는 대구에 파크골프장 확보가 우선이었다. 자치단체에 파크골프장을 지원을 부탁하고 시청 게시판에 건의도 해보았으나 아무도 관심을 가져주지 않았다. 여러 방법을 찾다가 지인인 시의원에게 대구파크골프장 시설에 대한 조언을 듣게 된다.

파크골프장을 만들려면 시 예산을 사용해야 하는데 시 예산은 생활체육 대구시 파크골프연합회가 되어야 시 예산을 받을 수 있다고 방법을 알려준다. 시 연합회는 대구시 8개 구, 군 중 과반수 이상 생활체육회가입이 되어야 시 연합회 구성원이 된다는 것을 그때 처음으로 알게 되었다. 당시에 지자체 공무원들은 파크골프는 생소한 스포츠인 데다 관심을 가지는 사람이 없었다.

대구 파크골프장 하나 없는 곳에서 구역마다 100명 회원을 어떻게 모집할 것인가 방법을 찾아 진행하기로 한다. 지인들과 동료들을 동원해서 각 모임에 참석하여 파크골프를 설명하고 회원가입 서명 받는 과정을 거쳐 각 구 회장님들을 추대하여 미팅으로 지역연합회 신청 서류를 받아 만들기 시작하였다. 이 모든 것은 파크골프를 아는 사람이 없으니 중앙회 부회장으로서 자연스

럽게 저자가 주축이 되어 추진할 수밖에 없었다. 대구시에 생활체육회 가입한 단체는 달서구와 수성구 뿐이었다. 대구시가 8개구, 군 최소 5개구 이상은 체육회 가입이 되어 있어야 요건이 되었다.

지역에 있는 지인들을 찾아보았다. 남구, 중구, 동구, 서구, 북구 각 지역에 주소를 둔 지인들을 찾아서 지역회장으로 추천하고 파크골프동아리 구성을 하도록 하였다.

산악회, 부녀회 상조회 게이트볼 단체 각 단체명단을 동원하여 7개 구 단체를 구성하였다. 달서구연합회를 등록하면서 학습이 되어 구 연합회 등록하는 과정은 어렵지는 않았으나 파크골프라는 종목이 잘 알려지지 않아 지역 회장 추대하는 것이 가장 어려웠다.

8-1 2007, 전국 최초 대구시 생활체육 파크골프연합회 창립

저자는 연맹중앙회 부회장으로 대구시 연합회에는 수석부회장으로 명단을 올려 대구시 파크골프 운영을 전체적으로 맡아 주도하게 되었다. 파크골프를 아는 사람이 없으니 사무국장도 없이 아는 사람이 할 수밖에 없었다.

대구시 회장 추천받는 것이 쉽지 않았다. 회장 자리가 부담을 느껴 사양하는 바람에 등록하기 까지는 긴 시간이 걸리게 된다. 지역회장들의 모임을 주선하여 취임 승낙서를 받았으나 대구시 연합회 회장 후보자가 없어서 지인들에게 부탁하고 소개를 받았으나 사양하여 대구시연합회 회장을 추천받지 못해서 몇 개월이 지나갔다.

그러다 2006년 12월 말경 한 지인으로부터 한 분을 추천받게 된다. 구세주 같은 분이 나타나셨다. Ch 회장님이었다. 각 지역구에 제출한 서류와 대구시 생활체육회에 제출할 신청서류를 작성하여 접수한 날이 12월 31일이었다.

대구시연합회 회장님을 추대하는 과정이 길어지면서 2006년 12월 31일에서야 겨우 신청서류를 마무리하게 된다. 그 해를 넘기지 않으려고 며칠을 밤을 새워 문서를 겨우 완성하여 아슬아슬한 시간에 걸렸다. 12월 31일 직원이 퇴근할까 봐 조금만 기다려 달라고 전화 해놓고 서류를 들고 달려갔던 시간이 18시 10분 퇴근시간 10분이 넘었지만 담당이 기다려줘서 해는 넘기지 않고 접수할 수 있었다. 그때 지금도 기억이 남아있다. 다음 해로 넘어가면 파크골프장도 1년이 늦어지기 때문이다.

다행히 접수를 2006년을 넘기지 않아서 2007년 2월에 총회에 승인을 얻어 3월에 대구시 생활체육파크골프연합회를 창립하게 된다. 만약에 그 해를 넘겨서 접수했더라면 파크골프장도 한 해가 늦어질 수도 있었을 것이다.

그렇게 동서남북 뛰어다니며 노력한 결과로 2007년 3월 22일 대구시 알리앙스 웨딩에서 대구시생활체육파크골프연합회를 광역시로는 전국 최초 추대 ch 회장을 모시고 창립을 하게 된다. 창립 때 저자는 그동안의 경과보고를 설명하였다.

국민생활체육 대구광역시 파크골프연합회
경 창립총회 및 채용희 회장 취임식 축
일시:2007년3월22일 장소:알리앙스예식장

2007년 3월22일 생활체육.대구시 파크골프연합회장 채용희취임

9. 울산시 새마을협회임원 파크골프교육

울산시 새마을단체에서 파크골프를 단체로 배우러 오겠다고 연락이 온다. 대구에는 지도자와 파크골프장이 없어서 밀양에서 파크골프 지도자교육을 계획하게 된다.

연맹 본부에 제안하여 파크골프 보급을 위해서 밀양시 파크골프협회 회장님과 협의하여 밀양 파크골프장에서 전국지도자교육을 밀양에서 시행하게 된다.

대전, 울산, 부산, 거창, 김해, 진해 등 많은 사람들이 참여하여 지도자교육에 참여했다.

형식은 이론교육과 실기를 했는데 당시에는 지도자가 부족한 상태여서 연맹 본부에서는 실기 스코어를 보고 3급자격을 발급하였다. 그 이후로는 많은 사람들이 파크골프를 배우려는 사람들이 밀양으로 오곤 했다. 밀양에는 파크골프장 때문에 영남지역에서 파크골프 중심이 되었다.

2007년 7월
울산시 새마을.협의회
파크골프연수교육
(밀양파크골프장)

9-1 울산시파크골프연합회 창립 및 대화파크골프장 개장

울산에서 부산에서 거창에서 주변 많은 사람들이 밀양으로 와서 파크골프를 배워가서는 지역에서 동호회가 결성되고 지역마다 생활체육연합회가 창립되기 시작했다. 밀양시 파크골프장은 전국에 파크골프장 시설하는데 모델이 되기도 하고 보급하는데 큰 역할을 하였다. 얼마 후 울산시 새마을단체에서 밀양에서 단체교육을 받고 울산시연합회를 구성하여 총재님이 참석한 가운데 울산시 파크골프 연합회가 창립되고 태화강변에 울산시 파크골프장 개장을 하게 된다.

PARK GOLF
UPGF

9-2 대구시 생활체육대축전

대구시 공식 파크골프장이 없는 북구연습장에서 대구시 생활대축전 대회를 개최하게 되었다.

대구시 파크골프장을 위한 대구시연합회가 창립이 되었으니 대구시 예산을 받을 요건들을 갖추어 다시 시의원님을 여러 번 방문을 하여 독촉하게 된다. 그해 G시의원님은 예산 2,500만 원을 확보하여 대구시 체육시설관리과 넘겨주게 된다.

체육시설 담당자는 어디에 할 것인지 장소를 지정해달라고 했다. 대구시에 파크골프장 시설할 만한 곳을 시의원님과 며칠 동안 찾다가 달서구 대명천 변이 유력한 후보지로 제안했는데 소속기관에 문의한 결과 환경단체 반대로 어렵다는 것이다.

빠른 시일에 파크골프장을 만들 수 있는 곳을 물색하다가 G시의원님께서 현재 연습하던 장소는 환경단체와 상관없으니 북구 밀레니엄공원(현재 강변파크골프장)에 나무만 제거하고 설치하는 것이 제일 빠른 방법이라고 하였다.

2007년 10월
대구시 생활체육 대축전
(북구밀레니엄공원)

대구시 파크골프장을 어디에 할 것인가 G 의원님과 대구시 변두리를 돌아보았으나 할만한 곳은 환경단체가 반대하여 결국은 북구 밀리니엄공원(지금 강변파크골프장).

당시에는 나무가 무성하게 심어져 있었다. 나무를 처리해야 하는 문제가 되었다.

2007년 4월

대구시 파크골프장 부지를 찾아서……. 지용성 시의원 과 함께 환경단체와 회의

9-3 파크골프장시설을 위한 대구시 예산

북구 밀레니엄 공원으로(처음 연습하던 장소) 결정하고 제안했더니 그곳에는 나무들이 빽빽하게 들어서 있는 곳이라 많은 나무를 제거해야 했다. 그 장소에 시설을 하려면 환경사업소가 관리하는 공원이니 환경사업소 허락을 받아야 한다고 하고 나무를 제거하려면 대구시 수목원에 허락을 받아야 제거할 수 있다고 한다.

예산만 있으면 대구시에서 다 알아서 해주는 줄 알고 있었는데 장소 사용허가도 나무 제거도 우리가 직접 허가를 받아야 했다. 우여곡절 끝에 여기저기 쫓아다니면서 어렵게 허가를 받게 되었다.

그런데 기존 나무들은 월드컵 대회를 기념하기 위해 심은 나무이며 모두가 시민의 나무로 되어있기 때문에 나무를 제거하는 것도 대구시민이 승인을 해야 된다는 것이다. 나무 제거는 대구시민 대표로 저자의 싸인으로 360그루 나무를 제거할 수 있었다.

당시에 그곳에는 포플러 고목나무가 대다수였다. 문제는 제거하는 경비가 1그루 당 27만 원이 들어서 잔디를 심기 위해서는 기

존 나무를 제거해야 하는데 금년 예산 2,500만 원으로는 나무 제거비용 밖에 안되니 금년 예산으로는 나무만 제거하고 내년에 예산을 더 받아야 잔디를 식재할 수 있다고 한다.

우리 입장에서는 파크골프장이 하루가 급한데 1년이 너무 길다는 생각이 들었다. 방법을 찾고 있던 중 나무 사업하는 동료가 나무 제거하는 것은 협찬으로 자신들이 해주겠다는 것이다. 이렇듯 여러 회원들이 서로 협찬으로 지원하여 공사를 할 수 있었다. 덕분에 그 해 바로 잔디를 식재할 수 있었다.

그런데 또 다른 문제가 발생하게 된다. 대구시 체육담당자가 그 장소 한편에 야구장도 같이 설치하겠다는 것이다. 그 문제로 시의원님과 체육과 담당자 간에 다툼이 일어났다. 애초에는 그 장소 전체를 파크골프장으로 하는 것으로 생각했는데 절반을 야구장으로 해야 한다고 해서 시의원과 쌍방 간에 언쟁으로 폭력문제가 발생하게 되어 체육회 담당자가 시청노조에 신고하는 바람에 문제가 크게 확산되어 3사 방송뉴스에 "시의원이 공무원 폭행"이라는 제목으로 톱뉴스로 나가고 지역 신문에도 칼럼에도 갈

은 제목으로 나와서 시의원님은 파크골프장 만들어 주려고 하다가 이런 일이 생겼으니 너무 미안해서 어떻게 해야 의원님에게 도움이 되는지 방법을 찾다가 시청 민원 게시판에 글을 올려주면 도움이 되겠다는 생각을 하게 된다.

그 뉴스가 금요일에 났는데 토요일에 시청민원 게시판에 대구시 파크골프연합회 회원명의로 "누구도 관심 가져 주지 않은 파크골프장을 대구시민을 위하여 시의원님이 앞장서서 민원을 해결하고자 하는데 폭행이 아니라 정당한 주장"이라는 내용의 장문의 글을 작성하여 클릭을 했는데 장시간을 투자하여 쓴 글이 날라가 버렸다.

알고 보니 민원 게시판에는 특정 문장이 들어가게 되면 자동으로 지워지게 되어 있었다. 다시 쓰면서 한글에 작성하여 붙여넣기를 하면서 완성하여 민원게시판에 글을 올리게 되었다. 그리고 회원들에게 동참해 줄 것을 연락하여 글을 올리게 하였다.

다음 주 월요일에 민원 게시판에 클릭수가 수백 명이었다. 시청 공무원들이 보았을 것이라 생각하고 시의원님에게 도움이 되었는지 연락을 했더니 당사자와 협의로 우선 야구장을 설치하고 나중에 돔야구장이 대구에 들어오게 되면 옮기기로 하여 양보하기로 하고. 그 대신 맞은편 C 코스를 전용 파크골프장으로 해주는 것으로 협의하기로 했다는 것이다.

9-4 2009. 11. 대구시 강변파크골프장 개장

현장에는 야구장과 파크골프장 설치 선을 끈으로 표시하고 본인이 일본에서 설계를 배우고 본 것을 상기하여 그림을 그려 보았다. 설계를 해보니 18홀에서 안전지역 확보가 어려워 야구장 쪽으로 1m 더 당겨서 겨우 18홀을 설계하게 되었다.

잔디를 식재하는데 예산이 부족하여 사각의 잔디를 4조각으로 잘라서 줄 잔디로 식재하게 되는데 10명의 인부가 일주일간 작업을 하게 되었다. 우리는 인부 작업자들에게 매일 간식을 제공하면서 겨우 잔디작업을 마치게 되었다. 시설 팀 담당자도 우리의 요구사항을 들어 줄려고 노력하여 잔디에 비료를 주고 스프링 쿨러도 설치하여 1년 동안 잔디를 잘 가꾸게 되었으나 파크골프 시설용품은 예산 부족으로 본인의 협찬으로 설치하게 되었다.

덕분에 창립 2년 후 2009년 11월에 그동안 노력한 결과로 대구시 강변 파크골프장을 개장할 수 있었다. 개장을 앞두고 본부석 설치를 요구하니 시에서는 예산 부족으로 할 수 없다고 하여 시설하는 업체에 읍소 하여 본부석을 협찬으로 설치하게 되었다.

역시 파크골프장 개장기념
주최 : 대구광역시 파크골프연합회

9-5 5년 동안의 염원으로 만든 강변파크골프장

그동안에 대구에 파크골프장이 없어 매주 밀양까지 다녔는데 파크골프장이 생기니 회원들이 차츰 늘어나기 시작하여 새로운 사람들이 북구회원들로 들어와 구장이 북구에 있으니 북구 구장이라며 텃세를 하기 시작하더니 임원회의에 참석하여 회의를 방해하는 등 하여 결국에는 폭력사건으로 경찰서 고발까지 벌어지게 되었다. 사건이 일어나자 그동안 함께해 주신 초대 회장이 돌연 사임을 하고, 어렵게 2대 회장을 추대하여 2009년 11월에 대구시 강변 파크골프장 개장식을 하였으나 여전히 북구연합회 임원들의 갑질에 2대 회장도 임기를 채우지 못하고 갑질하는 북구회원들에게 집행부 위임하고 사임을 하게 된다.

위임받은 그들은 저자를 포함한 기존 동료 임원들을 전원 제외시키고 자기들끼리 맞춤 집행부를 만들어 회장도 선출하여 연합회와 파크골프장 사용 권한이 그들에게 넘어가게 되었다. 그동안 저자가 대구시연합회를 운영하기 위해 자택 주소로 구입해 사용했던 사무용 팩스, 전화, 일용봉투 등 일체를 넘겨주게 되었다.

2010년 대구시 강변파크골프장 전경

9-6 제1호 대구시 공공 파크골프장

그간 5년 동안 이 구장을 얻기 위해 동료들과 함께 얼마나 노력했는지 저자를 도와 같이했던 동료들에게 미안하고 볼 면목이 없게 되어 한동안 우울증에 시달리기도 했다. 분노의 감정을 다스리며 위로하는 시간들이 필요했다. 스스로 마음을 다스리고 안정을 찾으려 노력했다.

'파크골프 보급은 사회 공헌 사업이다. 파크골프장은 내 것이 아니라 공공시설로써 함께 공유하는 것이다. 꼭 내가 해야 되는 것은 아니다. 다른 사람이 하면 더 잘할 수 있을 것이다.'는 생각으로 스스로 위로하게 되었다.

그들은 대구시 연합회가 어떻게 만들어졌는지 이 파크골프장이 어떻게 만들어졌는지 알지도 못하며, 그냥 쉽게 만들어진 것으로 알고 있을 것이다. 그동안의 노력을 인정해 주고 우대해 준다면 그동안의 고생한 보람으로 생각했을 텐데 전 과정을 아무것도 모르면서 권한을 뺏어가듯 강제 추방 당한 것에 너무 섭섭하고 억울한 생각이 들었다.

지금까지 한 일은 아무나 할 수 없는 일이라 아는 사람이 한 것이고 지금부터는 누구나 할 수 있는 일이기에 잘할 수 있을 것이라 생각하자.

파크골프장이 만들어졌으니 그 이후로는 파크골프 회원들이 계속 늘어나게 되었고 회원 회비도 배로 올리고 스티커 발급을 하여 아무나 이용할 수 없는 그들의 구장으로 변해갔다. 대구시 지원금을 받기 위해 기존 시설을 마음대로 제거해 버리고 자신들이 시설을 제작하여 납품하는 식으로 하고 있었지만 누가 아무도 문제 삼는 사람이 없는 현실이 안타깝기만 했었다.

10. 대구 달성군생활체육파크골프연합회 창립

뜻을 같이 해오던 동료들을 볼 면목이 없어 한동안 칩거하다가 생각해 보니 우리의 목표는 파크골프 보급이지 권한이 아니라는 생각을 하게 되었다. 동료들이 다시 세천교 아래 파크골프장 할 수 있는 적합지가 있다면서 파크골프장을 또 만들어 보자는 것이다. 달성군에 파크골프 보급을 시작해 보기로 한다.

세천교 강변에는 북구보다 넓고 잔디가 있어 눈에 확 들어오는 것이 아닌가. 마음을 추스르고 다시 시작해 보기로 했다. 대구시 연합회 만들 때는 달성군연합회는 달성군 주소지를 가진 회원들이 없어서 달성군연합회를 포함하지 못했었다. 소속지역에 파크 골프장을 하려면 그 지역 주소지 동호인들의 단체가 있어야 한다.

대구시 파크골프장 만든 경험을 되살려 반복하여 그 일을 또 하게 된다. 할 수 있는 사람이 하는 것이라는 것을 경험에 의해 알고 있었기에 달성군 주소를 둔 회원 100명을 구성하기 위해서 달성군에 사는 지인들에게 부탁하여 달성군 주민 100명을 구성하는 데 9개월에 걸려 달성군 회장도 추대하여 달성군연합회를 창립하게 된다. 회장 추대하는데 대부분 경제적 부담으로 회장 자리를 고사하여 쉽지가 않았다. 대구시연합회 만들 때 학습된 경험으로 달성군 엽합회 단체명으로 다사읍장 님에게 강변 사용 허가를 신청했다. 사용 허가는 가능하지만 시설지원은 어렵다고 했다. 장소 사용 허락받은 것만으로 만족하고 시설용품은 저자가 달성군 다사읍에 18홀을 기증하여, 설치는 다사읍에서 도와주기로 하였다.

內 現 況
地域特性

2010년 6월 달성군 파크골프연합회 여성클럽구성

10-1 제2구장 다사파크골프장 만들기

다사강변 잔디밭에는 돌들이 많고 땅이 딱딱해서 공이 튀어 올라 위험하였다. 동료 지인들과 함께 시장 바구니를 들고 돌 줍기를 했다. 비 오는 날에는 우산을 쓰고 여름 34도에도 양산을 들고 70세가 넘은 형님들도 같이 돌 줍기를 하면서 파크골프장 만드는 보람으로 즐기며 했다. 달성군청 군수님을 졸라서 모래 30차도 지원받았다. 모래가 돌들이 썩인 모래라서 거물에 받쳐서 사용해야만 했다. 다사읍장님의 인력지원으로 모래를 거물에 쳐서 모래 뿌리는 기계로 잔디밭에 뿌리는 작업을 했다. 인부들에게 간식제공을 하면서 모래작업을 동료들과 함께 했다. 모래는 딱딱한 잔디 사이에 모래가 채워져서 잔디를 번식시켜 주기도 하고 공이 제대로 구르도록 하는 역할을 하기에 파크골프장에 모래 뿌리기는 매년 해야 하는 작업이기도 하다.

파크골프장 이용규칙
생활체육 달성군 파크골프연합회

이번이 대구에서 두 번째 구장 만들기에는 북구 강변 파크골프장 만들 때 보다 훨씬 수월하였다. 공사를 마치고 다리 밑에 앉아서 함께한 동료들과 커피 한 잔 나누면서 푸른 하늘 아래 푸른 잔디 위에 펄럭이는 깃대를 바라보는 뿌듯함은 같이 한 사람만이 느낄 수 있는 보람이었다.

그동안 나를 믿고 함께해 준 동료들이 없었으면 이렇게까지 할 수 있었을까 생각하니 동료들이 고맙고 소중했다. 어떤 보상도 없이 같이 속상해하고 안타까워하면서 서로 누구랄 것도 없이 먼저 시작하고 행동하는 사람들~

파크골프 보급은 사회공헌 사업이다. 우리가 했다고 우리 것이 아니라 공공의 것이니 우리가 노력하여 만들어졌지만 필요한 누구라도 이용할 수 있는 것이다. 누가 만들었느냐가 중요한 것이 아니라 이 시설을 얼마나 중요하고 많은 역할을 하느냐에 가치가 있는 것이다. 다만 이런 것을 할 수 있는 사람이 우리라는 것이다.

10-2 2011, 달성군 다사파크골프장 개장

대구에서는 2번째 파크골프장이다. 달성군연합회는 임원등록부터 파크골프장 시설까지 저자가 고문 직함으로 주도적으로 운영하게 되면서 회장도 저자가 추대하여 취임하도록 하였다. 회원들이 찾아오고 행사를 준비하려니 사무실과 기품들이 필요하여 컨테이너는 협찬으로 받고 사무실 집기와 냉장고는 저자가 마련하여 사무실로 꾸리게 되었다. 개장식으로 파크골프장을 알리고, 달서구 구청장배 개최하여 대구시 동호인들에게 알리게 되었다.

달성군수배를 개최를 해야 하는데 달성군 연합회 회장할 인물이 없어서 달성군 주소를 둔 지인을 회장으로 세웠으나 직장 문제로 활동을 할 수가 없어 회장 대행으로 내세워서 달성군수배를 개최하게 되었다. 행사가 끝나자 회원들이 기하급수로 늘어나게 된다 달성군 초대 회장은 역할을 할 수 없게 되면서 2대회장을 조경하는 Y 회장님으로 추대하여 취임을 하게 된다. 마침 가스업체에서 파크골프장 1번 홀에서 가스 공사를 해야 하니 양보를 제안하여 왔다. 가스 공사 후 회원들에게 배상을 약속하고 1번 홀을 양보하고 2번 홀부터 거리를 줄여서 사용하게 되었다.

10-3 달성군 3대 K 회장 추대하다

몇 개월 후 가스공사 측에서 공사가 끝났다면서 회장에게 보상을 하고 원상 복구를 하게 되었다. Y 회장은 1번 홀을 양보하여 보상받은 금액을 회원 모르게 받아 챙겼다는 것을 나중에 우리가 알게 되면서 보상금 1,000만 원을 내놓고 사퇴를 하게 된다.

갑자기 만든 조직이라 조직력이 단결이 잘되지 않아 회장 임원추대도 쉽지 않았다. 회장 자리는 경제적 부담으로 모두들 고사한다. 달성군 주소를 둔 회원 중에 추대해야 하니 그중에 회장할 만한 인물이 없어서 추대가 쉽지 않았다.

후보를 물색하는 중 달성군 주소를 둔 대구 서구연합회에 속한 한 분을 소개받게 된다. 전직이 체육대학교수였기에 기대를 하면서 추대하게 되었다. Y 회장이 받은 보상금 1,000만 원을 운영자금으로 K 회장님의 통장으로 송금하는 조건으로 달성군 회장으로 취임하게 된다.

10-4 대구시 달성군 국제교류대회개최 제안

달성군 파크골프장이 개장하여 다음 해 6월이 되었을 때 일본 파크골프 임원으로부터 파크골프 한일친선대회 개최를 제안이 들어왔다. 일본에서는 파크골프 핵심 멤버들이라 했다. 파크골프 신문 본부장 및 일본 파크골프 ceo들과 지역 간부들이 30명이라 한다.

당시에 대구시에서는 관광객 유치에 많은 홍보를 하고 있었던 터라 당연히 대구시 연합회에서 환영할 것을 예상하여 날짜를 잡고 신청자들의 일정을 여행사에 예약을 하게 되고 인터불고 호텔도 예약하게 되었다. 대구시체육진흥과에 지원금 신청과 현장에 화장실 시설을 요구하여 승낙을 받게 된다.

그런데 대구시연합회에서 자신들이 주선한 대회가 아니라 주관할 수 없다는 것이다. 달성 K 회장은 저자가 추대한 회장임에도 대구시연합회 사무국장이 반대하니 하부 조직으로 할 수 없다는 논리이다.

10-5 2012, 국제파크골프대회 개최 위한 준비

화장실도 신청하고 다사파크골프장에서의 국제 대회준비에 만전을 기하고 대회를 알리기 위해 현수막을 달았는데 달성 K 회장이 현수막을 제거하고, 달성군 체육회에 와서 국제대회 할 수 없도록 막아달라고 달성군 K 회장이 부탁했다고 한다. 담당자는 파크골프장 시설을 저자의 협찬으로 시설하였고 공공시설로써 회장의 말을 들어 줄 수가 없다고 한 것이다. 저자가 추천하여 회장을 맡은 사람이 할 소리인가 의문스러웠다.

결국 대회 날 화장실이 설치되지 않았다. 알아보니 달성 K 회장이 대회 끝나고 다음날 설치해 달라고 주문했다는 것이다. 대구시 체육진흥과에서는 국제대회이기 때문에 화장실을 설치하라고 공문을 내려 지원을 했는데도 불구하고 자치단체장들은 연합회 회장이라 하니 투표를 생각하는 것이 아닌가 씁쓸한 생각이 들었다.

달성군에 오신것을 환영합니다.
제2회 한.일 파크골프 국제교류대회
일시 : 2012. 6. 5(화) 09:00 장소 : 다사파크골프장[세천교]

11. 2012, 대한파크골프연맹(환생) 대구시 이전

지금까지 국제대회를 하기 위해 달성군협회도 만들고 세천파크 골프장 시설도 협찬으로 만들어서 달성 K 회장도 추대하였는데 그 회장이 저자의 뜻을 반대하리라고는 생각도 못 했다. 더군다나 대구시에서 관광객을 유치하려고 홍보하고 있는데 국제대회도 할 수 없게 하니, 너무 어처구니가 없었다. 타 지역에서는 국제대회를 서로 유치하려고 경쟁하고 있는데 말이다.

달성군 K 회장은 교수라고 회장으로 추대했는데 보상금 1,000만 원을 준다고 하니 회장을 맡았던 것 같았다. 국가관도 개념도 의리도 모르는 사람이라는 것을 알고 사람은 직책으로 평가할 수 없는 것 실망을 크게 하게 되면서 회장으로 추대한 것이 정말 후회스러웠다.

일본회원들을 초대해 놓고 난처한 입장이 되었다. 주최, 주관사 없이 국제대회를 하지 못한다. 일본과의 약속한 것은 어떻게 할 것인가 고민하다 연맹본부 총재님과 의논하기로 했다. 결과는 서울시 송파구에 있었던 연맹본부를 대구시로 이전하기로 하고 저자가 2대 회장으로 이임 받아 국제대회를 대한파크골프연맹 명으로 개최하기로 결정하게 되었다.

그동안 생활체육단체로 가입하여 생활체육 단체명으로 활동하여 대한파크골프연맹은 사용하지 않고 있었다. 2012년 3월 대한파크골프연맹 법인을 대구시 문화체육관광부로 이전하여 대구시 현주소로 이전하게 된 것이다. 그로 인해 대한파크골프연맹이 환생하게 되었다.

2012, 대한파크골프연맹 임원

11-1 연맹사무실 이전 (서울 송파구→대구시) 개소식

2012년 3월
대한파크골프연맹 사무실 개소식

11-2 제2회 한·일 파크골프 국제교류대회 개최

그리고 대구시연합회 사무국장은 같은 날 대구회원들이 국제대회 참가하지 못하도록 타 지역 대회에 데려가고, 대구에서 국제대회 참가하지 못하도록 방해하고 있었다.

月刊パークゴルフ新聞　2012年6月25日　〈24〉

달성군에 오신것을 환영합니다.
제2회 한.일 파크골프 국제교류대회
일시 : 2012. 6. 5(화) 09:00 장소 : 다사파크골프장[세천교]

第2回パークゴルフ国際交流大会

大邱市に200名が燃ゆ！

「私たちがパークゴルフを持ってきて、今日までくるのに約9年の日々を過ごした」と、大韓国パークゴルフ協会チョンソンヒ会長は、この日の大会を感慨深げに迎えた。日本と韓国がパークゴルフの絆で結ばれた「第2回パークゴルフ国際交流大会」が6月5日、韓国の大邱（テグ）市のタサパークゴルフ場で開催された。第1回大会は昨年11月、静岡県富士市の富士パークゴルフ場で行われ、今回の本格的国際大会の礎の大会となった。日本からは、富士パークゴルフ場から12名が参加。韓国からは全土から予選会等を経て、当日は200名に絞り込んでの大会となった。この日は大会の熱気と、気温が30度を超え、汗だくの一戦となった。コースは2009年11月にオープン、地元の人気コースとなっている。競技は27ホール、さすが韓国勢が上位を占める中、日本の小川秀雄さんがスコア74、6位と健闘した。（ちなみに、小川さんは釧路市から参加した）大大会は大韓国パークゴルフ協会及び関係者により、実り多き国際大会となった。次回は、富士パークゴルフ場で行われる。

右から男子優勝のチョンマンキュンさん、準優勝イジンシッさん、第3位ボクチョルさん

右から女子優勝のキムスュンジョさん、準優勝アンオッリョンさん、第3位ボクヨンシュンさん

コースはセチョン川畔、後方にマンション群をみる

韓・日パークゴルフ国際交流大会　日本パークゴルフ愛好者

大会に参加した日本の皆さん

韓国の伝統衣装で参加した人も

第2回パークゴルフ国際交流大会 成績表

男子の部			女子の部		
順位	氏名	スコア	順位	氏名	スコア
優勝	チョンマンキュン	71	優勝	キムスュンジョ	69
準優勝	イジンシッ	71	準優勝	アンオッリョン	75
3位	ボクチョル	72	3位	ボクヨンシュン	75
4位	イミョン	74	4位	ボクスッジャ	76
5位	イインギョ	74	5位	イムウェジャ	77
6位	小川秀雄	74	6位	ジョンカンソッ	78
7位	チャンセフン	76	7位	ジョセシュク	79
8位	グンチャンラッ	78	8位	ジョンケサッン	80

제2회 한일 파크골프 국제교류대회

愛好者
한일 국제교류대회 대전광역시
동호회

11-3 일본대회 참가자 팔공산 및 서문시장 관광

그러나 타 지역에서는 대구에서 개최하는 국제대회 참가하기 위해 대전에서 울산에서, 경북에서 부산동호인들은 대구 국제대회에 참가하기 위해 버스 대절하여 오는데 대구회원들은 버스 대절로 경남대회로 가는 기이한 현상이 연출되었다.

그날 대회는 타 지역에서 참가해준 회원들 250명이 참가하여 덕분에 성황리에 마치게 되었다. 일본회원들은 대구관광을 해야 하기에 이튿날 대구 서문시장에서 쇼핑을 보고 마지막 날은 관광으로 대구 팔공산 동화사를 가게 되었다.

일본선수들은 팔공산 동화사에 많은 관심으로 관광을 만족해 하였다. 석식은 팔공산 유명한 황토 오리집에서 하고 다음날 김해 국제공항으로 가는 버스정류소까지 여행사 없이 예약과 관광을 가이드 역할을 저자가 하게 되었다.

일본 사람들에게 한국의 발전된 파크골프를 보여주고 싶었는데 달성 k 회장님의 방해로 제대로 된 화장실도 없이 그 사람들에게 어떻게 비춰졌는지 궁금하기도 했다. 다음은 일본대회에서 만나는 약속을 하고 돌아갔지만 정성을 다했지만, 대구시 연합

회와 달성 k 회장 국제 대회를 방해한 사람들이 상식적으로 이해가 되질 않아 잊혀지질 않을 것 같다.

대구시연합회와 강변 파크골프장 수년의 노력으로 만들어 놓고, 달성군에 와서 달성군연합회와 다사파크골프장도 만들어 국제대회까지 유치했는데 국제대회까지 방해를 한다는 것은 도저히 용서할 수 없었다.

대한파크골프연맹을 대구시로 이전해 온 이상 전국적 조직으로 만들어야겠다는 오기가 생기게 된다. 지금까지 저자가 하던 다모아(개인사업체)를 아들에게 모두 넘겨주고 대한파크골프연맹 제2대 회장으로서 연맹을 알리는데 올인하게 된 계기가 된다.

그 당시에는 아직 파크골프가 전국에 보급이 잘되지 않아 보급 활동이 필요한 시기였다. 전국에서 파크골프 지도교육 요청이 들어오면 어디든지 달려가곤 하였다. 지도자가 필요한 시기여서 임원부터 지도자 교육을 중심으로 하게 된다.

12. 2013, 파크골프 매거진 창간호

회원들에게 전국에 있는 파크골프장 정보를 알리고 대한파크골프연맹도 알리기 위한 KOREA파크골프매거진 책을 만들기로 한다. 예전에 신문 발행을 한 경험으로 연맹에서 파크골프 보급하는 사진과 글, 각 지역 파크골프장 소개하는 컨텐츠로 구성하여 책을 내었다. 무가지로 행사 때 보급하고 일본사업체에도 보내기도 하였다. 파크골프 공모사업 및 행사 매거진 발행은 직원들의 도움을 받기도 했다. 책을 만들 때는 기사도 쓰고 사진도 찍으면서 컴퓨터에 옮겨 실적을 저장하는 일이 일상생활이 되었다. 한참 집중해서 일하다 보면 어느새 다음날 아침이 되곤 했다. 창간지 모델은 2회 국제대회 참가하신 실버타운을 운영하시는 대전회장님이 일본사람들이 온다고 해서 한국을 보여주기 위해 갓을 쓰고 오셔서 많은 사람들에게 관심을 받았다. 너무 고마운 나머지 드레스상을 주기도 했다. 표지에 사용하였는데 나중에 KTX 열차에 책 쓰는 작가가 이 책을 사진을 요구해서 책과 함께 보내주었는데 파크골프 소개와 함께 열차 내부 책에 기재되어 나오기도 하였다.

KPGF
KOREA
PARK GOLF
MAGAZINE
04
2013
대한파크골프연맹 소개
전국 파크골프장 안내
파크골프의 구성 및 규정
파크골프 에티켓
사단법인 대한파크골프연맹
KOREA PARK GOLF FEDERATION

12-1 2013, 파크골프아카데미교실

그 후에도 다사파크골프장 시설에 필요한 모래와 휀스를 지원해 주신 달성군수님께서는 앞으로 노인들에게는 "게이트볼보다 파크골프가 대세"라 하시며 파크골프장 시설을 할 수 있는 장소가 있으면 적극 지원을 해주겠다고 하시며 다른 자치단체보다 파크골프에 대한 이해가 높으시고, 장소가 나면 지원을 아끼지 않으셨다.

달서구와 달성군의 경계에 있는 진천천에 작지만 파크골프장 용도로 적합한 지역이 있어 달성군청에 제안을 하였더니 쾌히 9홀시설을 지원해 주었다. 대한파크골프연맹 단체명으로 파크골프아카데미 현수막을 내걸고 진천파크골프장에서 지도자 교육을 시작하게 된다. 오전 6시에 교육시간을 정해서 주변 아파트주민들의 교육을 시작했다. 파크골프는 배우기 쉬워서 일주일 먼저 배워도 초보자를 지도할 수 있다. 1개월쯤 교육하니 그중에 지도할 수 있는 사람이 생겨 클럽을 만들어 자체적으로 운영하도록 하여 영역을 넓혀 나갔다. 좁은 강변이지만 접근성이 좋아서 지금은 주변 주민들 외에도 타 지역 회원들도 찾아오는 파크골프장이 되었다.

국민건강증진을 위한 - 초보자강습 무료
T:639-7330
파크골프 아카데미교실
주말반 매주(토)오후5시

파크골프 아카데미교실

13. 대한파크골프연맹 총재 추대취임식

협회에서 방해를 하면 할수록 대한파크골프연맹을 전국적으로 알려야겠다는 생각을 하게 된다. 그동안에 파크골프 활성화하기 위해 오랫동안 생활체육회 이름으로 활동해서 연맹이란 단체명이 알려지지 않았다. 보급 당시에 사용하여 최근 사람들에게 생소한 이름이 되어버렸다. 연맹을 역량 있는 단체로 키우기 위해서 사회활동하시는 분들 중에 체육회 영향력이 있으신 분, 대한체육회 임원으로 계신 분을 섭외하여 자문도 받고 역할도 기대도 하면서 박상하 대한파크골프연맹 총재님으로 추대하여 대구 알리앙스 예식장에서 내, 외빈을 초대하여 취임식을 성대하게 치르게 되었다.

KOREA PARKGOLF FEDERATION
박상하 총재 취임식
일시: 2014년 3월 28일(금)17:00
장소: 알리앙스

사단법인 대한파크골프연맹
KOREA PARKGOLF FEDERATION
박상하 총재 취임식

박상하 총재 취임식

일본업체와의 협약으로 학교와 의료계와 사업체들과 협약을 하면서 대한파크골프연맹의 위상을 알리고 전국대회는 연맹을 알리는 효과가 크다고 생각하여 수입업체의 혼마, 하타치 후원으로 전국대회를 개최하는데 집중하기로 한다.

일본사업체 대표들을 초청하여 파크골프장이 잘 되어있는 밀양파크골프장에서 전국 하타치 대회를 개최하게 된다. 일본사업체 회장님은 밀양파크골프장시설에 감탄하고 참가한 회원들이 많아서 놀랐다고 한다. 하타치의 상품협찬을 푸짐하게 주셔서 많은 한국회원들에게는 만족한 대회가 되었다.

그 후 하타치 사장님은 한국에서 개최한 전국 하타치대회를 일본 파크골프 전문지에 크게 실리게 되어 일본파크골프 회원들에게 한국 파크골프를 홍보하는 계기가 되어 일본의 파크골프 매니아들이 한국에서 주최하는 파크골프 대회에 관심을 가지게 되었다. 대한파크골프연맹에서는 매년 5월에는 전국 하타치 대회를, 10월에는 혼마 대회를 개최하게 된다.

(사)대한파크골프연맹과 한국건강관리협회대구지부
상호발전을 위한 교류 협력 협약식
2014.1.24 (금)

14. 계명문화대학 산학협약(파크골프과 신설)

계명문화대학과 산학협약으로 생활체육 교수님의 도움으로 청소년들에게 파크골프 보급을 위한 파크골프 과정을 만들어 학생들에게 파크골프를 지도하기 시작했다. 계명대 평생교육원에 파크골프2급지도자 과정을 개설하여 운영하고 있다. 매년 1회 한하여 운영하고 있으며 갈수록 사회 지도층들이 많은 관심을 가지고 찾고 있다.

사단법인 대한파크골프연맹
계명문화대학
경
축

경
대한파크골프 지도자교육
축
2013. 1. 17(목) ~ 20(일), 계명문화대학교 골프연습장 /세천 파크골프장

15. 2013, 대구시 예비사회적기업 인증

지도자 교육을 하여 지도자 양성을 하였으나 지도자들이 일할 수 있는 곳이 별로 없었다. 일자리를 만들어 수익이 되게 하는 방법을 찾다가 사회적 기업을 알고, 대구시 예비사회적기업 인증을 받게 된다. 사회적기업으로 운영하기 위해서 일자리사업으로 취약계층 5명을 선정하여 스터디 교실을 운영하면서 스킬을 키워 노인대학에서 파크골프 강사활동을 하도록 하였다. 나라에서 80% 지원 근로자 수익을 20%로 급여와 보험을 부담해야 하지만 5명의 월급을 충당하기 어려웠다. 매월 적자가 발생하여 1년으로 마침표를 찍게 된다.

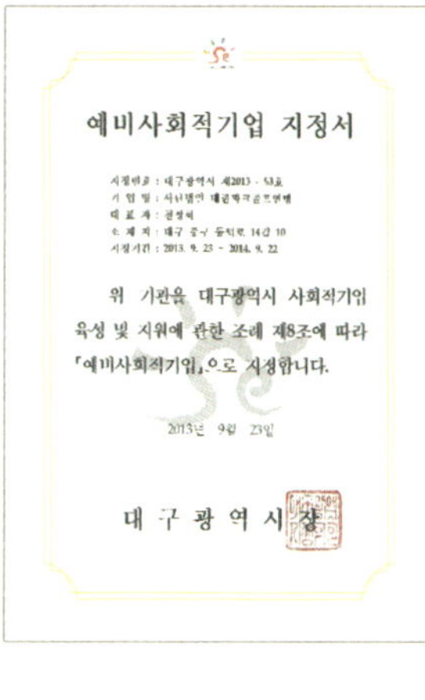
예비사회적기업 지정서

지정번호 : 대구광역시 제2013 - 53호

지정기간 : 2013. 9. 23 ~ 2014. 9. 22

위 기관을 대구광역시 사회적기업 육성 및 지원에 관한 조례 제8조에 따라 「예비사회적기업」으로 지정합니다.

2013년 9월 23일

대 구 광 역 시 장

16. 2013, 전국파크골프 혼마선수권대회

그 당시에는 한국에 동호인들은 한국제품이 없어서 전원이 일본의 제품을 사용하고 있었다. 그중 ㈜혼마업체와 다모아 개인사업체와 총판계약으로 인해 한국에 파크골프 활성화 사업에 협찬하는 방법으로 혼마대회를 제안을 하여 그해부터 전국 회원 대상으로 매년 10월이면 전국혼마대회를 개최하는데 혼마상품을 협찬받아 회원들에게 나누어 주는 행사를 하게 된 것이다.

대회를 통해서 혼마상품도 홍보가 되어 국내 많은 동호인들이 혼마상품을 사용하고 있다. 혼마대회 매니아들이 대회 참가하기 위해서 숙박하는 매니아들도 매년 늘어나고 있다. 그런데 전국협회에서 연맹에서 개최하는 혼마대회에 동호인들을 몰리니까 경계하기 시작하여 연맹에서 개최하는 회원들에게 불이익을 주는 등, 혼마 회사의 협찬을 못 주게 하고 가로채기 하는 일도 생기게 되었다.

KPGF

HATACHI
KPGF
HONMA
dms
추첨상품
kawasaki

16-1 국내최초 일본사업체 스폰서대회

국내 최초로 일본사업체대회를 유치하여 혼마, 하타치 수입업체가 후원하였다. 파크골프 대회가 처음에는 친선과 활성화가 목적이었지만 요즘은 많은 파크골프 매니아들이 몰려와 상금이 목적이 되고 있다. 상금이 커지면서 스코어 부정 작성으로 행사 전체가 불미스럽게 마쳐질 때가 있다.

매번 대회를 개최할 때마다 룰과 시상품에 신경이 많이 쓰인다. 최근부터는 대회목적이 친선인 만큼 상품을 우승자에게 상을 몰아주기 보다, 성적순이 아닌 추첨하여 주는 방식으로 변경하여 참가하는 데 의미를 두고 시상하고 있다. 협회에서도 전국대회 등 타 업체에서 벤치마킹을 하고 있어 파크골프가 발전하는데 여러 방면으로 기여하고 있다고 생각한다.

제7회 대한파크골프연맹 전국HONMA대회

17. 2014, 전국파크골프하타치대회 (밀양)

일본 사업체와도 협약을 맺고 협찬을 받아 전국대회도 매년 개최하여 연맹을 전국에 알려 가기로 한다. 학교와 의료계와 사업체들과 협약을 하면서 대한파크골프연맹의 위상을 알려 나갔다. 전국대회 개최로 연맹이 알려지는 효과가 매우 크다는 생각이 들었다. 그 후 일본 수입업체 상품 후원으로 전국대회 개최하는데 집중하게 된다. 일본사업체 대표들을 초청하여 파크골프장이 잘 되어있는 밀양 파크골프장에서 전국 하타치 대회를 개최하게 된다.

주최 : (주)하타치, HATACHI
주관 : (사)대한파크골프연맹
제1회 하타치컵 KOREA 파크골프 대회
第1回 HATACHI CUP KOREA PARK GOLF 大會
협찬:(주)하타치,(주)다모아,
후원:밀양시
일시:2013.4.25.(목)
장소: 밀양시파크골프장
응급실

〈31〉 2013年5月25日 月刊パークゴルフ新聞

初の海外大会を韓国で開催！

第1回ハタチカップパークゴルフ大会in韓国

羽立工業㈱が主催する初の海外大会となる「第1回ハタチカップパークゴルフ大会in韓国」がさる4月25日、韓国南部のミリャン市パークゴルフ場を舞台に行われた。

昨今の韓国におけるパークゴルフの普及・発展は凄まじく、全土から282名が参加。その盛況ぶりに韓国パークゴルフ協会のチョンソンヒ会長を喜ばせた。当日は一時雨に見舞われたが、競技は韓国随一のスケールを誇る45ホールのコースのうち36ホールで行われ、さすがハイレベルの大会となった。記念すべき第1回の男女優勝者には、羽立工業㈱の中村哲也代表取締役から記念品と最新クラブが授与された。大会の準備と運営にあたっては、韓国パークゴルフ協会はじめ多くの関係者により滞りなく進められた。

羽立工業㈱では今後は日本からの参加者を検討し、パークゴルフを通じて一層の日韓のより強い絆が結ばれれば、と話している。

大会を主催した羽立工業㈱中村哲也代表取締役（左）と韓国パークゴルフ協会チョンソンヒ会長

「HATACHI」のまっ赤なのぼりが大会を一層熱いものにした

会の準備と運営にあたった多くの大会役員の皆さん

第1回ハタチカップパークゴルフ大会in韓国 成績表

男子の部			女子の部		
順位	氏名	スコア	順位	氏名	スコア
優勝	Yu jang [illegible]	95	優勝	[illegible] soon ja	99
準優勝	Yu kung [illegible]	95	準優勝	Kim kung soon	103
3位	Jang jung [illegible]	97	3位	[illegible]	104

18. 2014, 교육청방문/청소년 파크골프 보급

중·고등 학생들에게 파크골프를 보급해 보자는 생각으로 청소년 파크골프제안서를 작성하여 대구시 교육청 교육감님을 찾아가서 청소년들에게 파크골프 보급할 것을 제안하였으나 남학교에서는 인조잔디에 축구장을 만들어서 어렵고, 운동장에 잔디가 있는 여학교 밖에 없다며 5곳을 주선하여 중 고등학교 청소년들에게 파크골프 보급하기 위한 대구제일여상과 경덕여자고등학교와 협약을 맺고 운동장에 소규모의 파크골프장을 설치하여 체육시간에 파크골프 체험을 하도록 했다. 청소년들에게는 가족과 함께 3세대가 할 수 있는 파크골프는 학생들은 배워서 바로 실생활에서 부모님과 친구와 함께 할 수 있는 것이 장점이다는 것을 강조하며 PPT자료를 만들어 학교마다 홍보하러 다니게 된다.

파크골프 청소년 보급사업

푸른대구 가꾸기 행사 나무비료주기

18-1 2014, 청소년파크골프 보급으로 학교대항전대회 개최

소년들에게 흥미를 주기 위해서 학교대항전 대회를 개최하자고 제안을 했더니 체육선생님들이 너무 좋아하신다. 선생님과 의논하여 남 2, 여 2 4명씩 조를 짜서 경기를 했더니 너무 좋아하고 파크골프가 재미있어 자주 치고 싶다고 하지만 현실은 파크골프장을 전부 노인들이 차지하고 있어 학생들의 공간이 없다. 청소년들의 공간만 있으면 중·고등학생들에게도 많이 보급이 되겠다는 생각을 하게 되지만 아직 파크골프장이 여유롭지 못한 것이 아쉽기만 하다.

주최·주관 : (사)대한파크골프연맹 협찬 : (주)다모아스포츠
1회 KPGF 청소년 파크
2014. 10.
:30 장소 : 대구시환경

19. 2014, 노인대학 파크골프 교실 운영

대구 운경재단 노인대학에서 파크골프 교실을 개설하여, 일정한 날을 정하여 교육을 하도록 지도자들의 일자리를 만들지만 교육은 1개월에 끝나고 일할 수 있는 기회가 지속적이지 않다. 어르신들은 새벽부터 특별한 일이 없는 노인들은 동료들과 함께 운동하는 것을 낙으로 생각하고 파크골프가 최상의 놀이터인 것이다. 비용도 부담이 없어 매일 출근하다시피 나오신다. 그중 나를 알아보는 사람들은 파크골프를 알게 해줘서 정말 고맙다는 말을 건넨다. 내가 보람된 일을 하고 있구나 생각하며 알아봐 주는 사람들도 있구나 생각하니 그동안의 과정들이 억울하지는 않다는 생각이 든다.

노인대학 파크골프교실 운영

20. 2014, 파크골프협동조합설립 (지도자 일자리사업)

파크골프 지도자로 입문시켜 파크골프 교육을 하도록 하였으나 교육만으로는 수익이 되지 않아 보급활동에 어려움을 느끼게 된다.

장애인들은 야외 파크골프장에 나가는 것이 쉽지 않아 용구는 파크골프채로 실내에서 할 수 있는 일반 스크린골프를 사비로 설치하여 1년 동안 체험을 했나. 학생들에게 골프게임을 즐겨 하며 반응이 상당히 좋았다. 파크골프를 학생들에게 보급하는 데는 젊은 지도자들이 필요하지만 거의 노인들이 즐겨 하는 운동이라 젊은 친구가 없었다. 파크골프보급은 사회공헌 사업이지만 연맹은 체육회 가맹단체가 아니라 운영비 지원을 받지 못했다. 수익사업을 할 수 있는 파크골프에 관련된 사업을 총집합하여 함께 할 수 있는 사업을 만든 것이 파크골프 협동조합이다. 파크골프 관련 사업을 분담하여 운영을 하게 되면 서로 시너지효과로 잘 될 것으로 생각하고 협동조합 설립으로 소상공인센터에서 스크린골프시설을 지원받아 아주 유용하게 활용하고 있다.

21. 2014, 파크골프스크린개발
(대구시테크노파크지원)

연맹에서는 부담 없이 이용할 수 있도록 대여용 용구를 개발하여 보급할 계획에 있다. 2014년 야외 파크골프장에 갈 수 없는 노인 및 장애인, 학생들이 파크골프 게임을 즐기며 건강을 유지할 수 있도록 국내 권위 있는 최고의 스크린 전문가들과 연구원들이 간편하고 이동이 가능한 스크린 파크골프 규격제품을 개발하여 3년간의 시험기간을 거쳐서 생산제작에 들어갔다. 2021년부터는 지역연맹에서 노인복지관, 학교교실, 경로당에 보급할 계획이다.

「2017년 지역 융복합 스포츠산업 거점육성사업」
실생활테스트베드 수요처 MOU 체결식

「2017년 지역 융복합 스포츠산업 거점육성사업」
실생활테스트베드 수요처 MOU 체결식

스크린 파크골프 개발

스크린 파크골프

- 실내에서는 스크린게임, 공원에서는 파크골프
- 가까운 복지관에서 누구나 쉽게 배울 수 있다.
- 별도 용구 구입이 필요 없고 이용료가 저렴하다.
- 가족과 함께 즐길 수 있다.

설치권장장소

- 지역복지시설: 노인종합복지관, 학교체육시설, 공공시설
- 공간만 있으면 이동 가능한 스크린 파크골프
- 저렴한 가격으로 설치할 수 있다.

지역연맹 특판권 부여

- 지역민을 위한 복지시설 지자체 지원 사업
- 2013년 스크린 파크골프 개발 7년간 체험기간 업그레이드 제품
- 대한파크골프연맹의 인증용으로 출시예정 T. 053-763-7330

21-1 장애인 파크골프 재활운동 지원

파크골프는 장애인들에게는 재활운동으로 적합하다고 하여 장애를 가진 부모님들이 적극적으로 파크골프를 가르치려고 한다. 몇 번 체험을 하고는 매주 데리고 온다. 장애단체에서 단체로 오는 경우도 있다. 장애 있는 아이들을 파크골프장까지 데리고 오는 것은 개인은 불가능하고 장애단체에서 승합차를 이용하여 오는 경우도 있다. 비가 오거나 추운 겨울에는 더욱 어렵다. 그래서 생각한 것이 스크린을 생각하게 되었다.

수성구 장애 청소년자립지원센터
파크골프 힐링교실

21-2 다문화가족 새터민 파크골프어울림대회

지역 민주평화통일 단체를 초대하여 다문화가족과 새터민들과 관계 맺기를 위해 함께 하는 시간을 가지게 되었다.

22. 2015, 대구대학교 스크린 파크골프연습장 협약식

지역소상공센터 협동조합에서 지원받은 스크린골프는 대구대학교 평생교육원에 노인들이 이용할 수 있게 설치를 하게 된다. 대구대 평생교육원에 시설을 설치하였으나 노인들이 컴퓨터 작동하는 것이 어려워 1년 동안 거의 사용하지 않고 있었다. 협동조합의 스크린 파크골프는 장애인자립센터에서 재활운동으로 매주 단체로 교육장으로 이용하고 있었다. 나중에는 비 오는 날 더운 날 일반인들이 게임을 즐기기 위해 찾는 사람들도 있었고, 스크린에 관심이 있는 사람들이 찾아오기도 했다.

파크골프장이 거의 외곽지에 있다 보니 차 없는 노인들이나 몸이 불편한 장애인들은 야외 파크골프장 이용이 어려워 일반인들과 같이 어울리지 못해서 실내 스크린 파크골프를 이용하게 된다. 최근에는 대구에서 노인종합 복지관, 마을금고 문화센터 등에서 스크린 파크골프가 주민들의 체육관리로 서비스 차원에서도 설치되고 성행하고 있다.

경
대구대학교 평생교육원-파크골프협동조합
스크린파크골프연습장 설치 협약식
◆ 일시 : 2015. 8. 25.(화) 11:00 ◆ 장소 : 1106호
축

경
대구대학교 사회지도자교육센터
파크골프동아리 스크린골프 연습장 개장
◆ 일시 : 2015. 11. 19.(목)
◆ 장소 : 스크린 파크골프 연습장
축

23. 2015, 체육진흥공단 체육활성화 공모사업

금년에는 체육진흥공단에서 체육활성화 사업공모가 있다는 정보를 듣고 공모신청을 하는데 자격은 넘치는데 자료수집이 어려웠다. 이틀 밤샘으로 작성하여 신청하게 된다. 대회장소를 정하지 못하고 여러 곳을 알아본 결과 대구시 환경사업소에서 파크골프장을 신설한 곳인데 환경이 아주 좋아서 서재 파크골프장이라 칭하여 정하고 서울체육진흥공단에서 브리핑을 전무이사의 도움을 받아 채택된다. 지원금 2,500만 원으로 대회를 개최하게 되었다. 인사를 초대하고 무대도 잘 꾸미고 마사지 부스도 만들고 계명문화대 학생들을 심판기록원으로 하여 지금까지 대회와는 규모가 다르게 연맹의 위상을 한껏 올라간 것 같아서 만족스러운 대회를 치르게 되었다.

KSPO 케이스포
국민체육진흥공단
Korea Sports Promotion Foundation
문화체육관광부

24. 2015, 대구 교총 업무협약으로 교원파크골프 직무연수

지인인 교원선생님의 소개로 파크골프 직무연수교육을 제안받게 되어 2014년 대구교총과 MOU체결 계기로 여름방학, 겨울방학 때 5일 동안 30시간 파크골프직무 연수를 맡게 된다. 선생님들에게 인기가 좋아 교육을 마치면 별도로 동아리를 만들어 친목하는 선생님도 많고, 퇴직하신 교장선생님끼리 동호회가 생겨나고 있었다. 그 후로는 매년 여름방학, 겨울방학 때면 교원특수교육으로 파크골프를 직무연수교육으로 종목으로 채택이 되어 방학 때면 직무연수 교육을 하게 된다. 대체로 여름방학 때는 사람이 적고 겨울방학 때는 많은 편이다. 직무교육으로 파크골프를 즐겨 하시는 선생님이 지도자 교육을 받고 국가자격증을 취득하시는 분들도 계신다.

대구시교원총연합회 - (사)대한파크골프연맹 업무협약식
2014. 1. 20 (월)

주최 : 대구교총
후원 : KPGF (사)대한파크골프연맹
환
2015 대구교총 파크골프 직무연수
영
일시 : 2015. 1. 19(월) ~ 23(금)
장소 : 계명문화대학교, 대구시환경자원사업소

25. 대한체육회 통합으로 생활체육회 해체로 인한 대한파크골프협회 창립

2016년 생활체육이 존재할 당시에 그동안 연맹에서는 대한체육회 가맹을 하기 위해서 대한체육회 가맹신청서를 제출한 상태에 있었다. 대한체육회에서는 파크골프종목이 국제대회종목이 아니라는 이유와 청소년 선수들이 구성되지 않았다는 이유로 보류를 하고 있었나. 그 이후 생활체육회와 대한체육회가 통합되면서 기존 생활체육회가 해체되고 대한체육회 가입을 위해 대한파크골프협회 단체명으로 창립하게 된다.

연맹은 과거사 일들로 인해 함께 통합하기를 원치 않아 별도의 단체로 남아있기로 결정하였다. 연맹은 정부지원 없이 대구에서 자체적으로 운영하다가, 2020년 대한노인체육회(21종목) 설립을 위해 노인체육진흥법이 국회 통과되면서 정부지원 단체로 가맹하기 위해 전국지회를 만드는 계기가 되었다. 각 지역에 있던 다수 연맹회원들은 협회 회원으로 흡수하게 되었으나 그중에 잔존하고 있던 회원들이 다시 모이게 되면서 17개 시도가 재 창립하게 된다. 이번에도 협회에서 노인체육회 정부지원 조례를 반대하고 있다. 그러나 노인체육회에서는 통과한 법령을 이 행을

실행하고자 지속적인 노력을 하고 있다. 연맹에서도 운영위원회를 구성하여 전국 연맹 활성화 사업진행 중이다.

25-1 어르신 건강 걷기운동

매년 3, 4월이면 전국의 파크골프장이 잔디보호를 위해 휴장을 하게 된다. 파크골프 회원들을 위해서 4월에 대구시 신천변에서 걷기 대회를 하면 건강에 도움이 되겠다는 생각을 하게 되었다. 대구 파크골프 회원들에게 공지하였더니 파크골프 회원 600명이나 참가하여 놀라웠다. 동료들의 협찬으로 기념 타월과 간단한 음료를 준비하여 오신 분들에게 나누어 주면서 파크골프장 휴장기간에 걷기 대회를 개최한 것이 의미가 있었다는 생각을 하면서 매년 하는 것도 좋겠다는 생각이 들었다. 그러나 내년의 상황이 어떻게 될는지 숙제로 남기게 되었다.

일시 : 2016. 4. 20 (수) 10:00시 장소 : 희망교 (자전거안전교육장)
신천변 환경보호를 위한 제1회 대구광역시 어르신 걷기행사
후원 : 수성구청 · 삼익THK · 환경NGO협의회 · 파크골프협동조합
의료지원 : (사)대한병원행정관리자협회대구광역시회 / 성서한미병원

2021년 매일신문 기자가 만들어준 홍보게시판

26. 노인체육회 구성으로 인한 지역연맹 재구성과 지도자교재 발간

전국지역연맹 17개 시, 도 지역 회장 구성해야 하는 것이다. 기존 아는 사람들과 추천을 받아 전국연맹 회장단으로 운영위원회를 구성하여 한 모임을 가지게 되었다. 장소는 전남영광에 있는 한수원 한빛 파크골프장이었다. 협회가 있어 회원모집에 어려움이 있음에도 연맹 지역회장으로 뜻을 함께해 준 임원들이 얼마나 고맙고 감사 한지 몰랐다.

협회와 달리 지역마다 지원이 없는 상황에서 지역회장님들에게 조금의 수익활동비라도 있게 하는 방법을 모색 중 지도자 교육을 생각하게 된다. 사업적으로 접근할 필요가 있다고 생각했다. 협회는 회원 수가 많지만 우리는 지도자단체를 만들어야겠다는 생각을 하게 된다.

지도자교육을 위주로 하면서 모두들 전문강사로 활동하게 되면 활동비가 될 것 같았다. 그래서 교재를 만들기 위해 모든 자료를 수집하여 가편집하기 까지는 3개월이 걸려서야 인쇄본이 나왔다. 편집하는 과정에서 여러 회장님들과 만나 소통하며 완성본을 만들게 되었다.

26-1 전국지역파크골프연맹 부활 창립

지역연맹을 다시 복원 창립하려니 그동안의 친분이 있던 회원들은 협회로 소속이 되어 지역마다 찾아다니며 추천도 받고 미팅을 통해서 연맹 창립을 하게 된다.

KPGF
포천시
경기도
파크골프연맹

KPGF 사단법인 대한파크골프연맹
경 포항 파크골프 연맹 인증서 수여식 축
• 일시 : 2023년 7월 7일 오전 11시
• 장소 : 포항 곡강파크골프장

KPGF
경
서울특별시파크골프연맹 창립총회
축
일시: 2021. 3. 13 장소: 나이스 파크골프장

26-2 전국연맹 활성화를 위한 파크골프친선 대회

전국연맹을 단합하기 위해서는 매년 대회를 개최하여야만 했다. 지원이 없지만 최소한의 경비로 개최하여 업체들에게 협조를 구해서 지원을 받아 개최하게 했다.

제7회 대한파크골프연맹 전국HONMA대회

26-3 제5회 국제파크골프 한 · 일 교류대회

국제대회를 한국에서 개최하였으나 2023년부터는 일본에서 개최하기로 했다. 지도자들이 일본선수들의 매너와 파크골프장 관리와 설계를 보고 경험을 하기 위해서 지도자 중심으로 국제대회를 일본에서 개최하도록 협의하여 일본에서 개최하는 대회에 참가하도록 하였다.

第5回国際パークゴルフ韓日交流大会
주최 : 대한파크골프연맹 주관 : 사가시파크골프협회
제5회 국제 파크골프 한·일 교류대회

Park Golf
제5회 국제 파크골프 한·일 교류대회

제3회 한·일 파크골프 친선 교류대회

北海道知事杯
第28回パークゴルフ国際大会

한일 국제교류대회
동호회

27. 대구한의대 스포츠복지과 개설

파크골프가 보편화되면서 지도자 자격을 주기 위해 지역마다 지도자 교육을 위임하였으나 교육이 허술하게 운영이 된다는 민원이 생기면서 각 지역마다 대학교에 교과목으로 하면 어떨까 생각해서 평소 친분이 있는 대구 한의대교수님과 협의하여 4년제이니 복지와 경영을 추가하여 스포츠 복지 경영과를 처음으로 개설하여 학생모집을 하게 된다. 처음이라 학생모집이 어려웠다. 아는 지인들을 총동원하여 겨우 25명을 등록하여 2022년 3월에 개강을 하게 되어 지금까지 처음 입학한 학생이 3학년이 되었다.

대학에서 파크골프 과목이 홍보가 되면서 지역대학마다 벤치마킹하여 만학도들의 대상으로 학과가 신설되고 있다.

주최·주관 : KPGF (사) 대한파크골프연맹
대한파크골프연맹 지도자연수교육
◆ 장소 : 대구시강변파크골프장 D홀 ◆ 일시 : 2023. 7. 3. ~ 7. 24. 매주월요일 9:00 ~ 12:00

27-1 전국12개 대학교협약으로 평생교육원 지도자과정 개설 및 지도자 일자리 파크골프장 위탁관리사업 추진

평생교육원에 2급지도자 속성반 1개월에 2급지도자 자격을 취득할 수 있도록 하였다. 그런데 문제는 학교에서 파크골프장 시설이 없는 관계로 파크골프실기 교육이 어렵다.

각 지방마다 시설한 전국에 파크골프장은 지자체 자원으로 만들어진 공공파크골프장이다. 현재는 편파적으로 운영되고 있어서 파크골프 동호인들로부터 민원이 발생하고 있다.

우리 연맹에서는 공공파크골프장을 효율적으로 운영하여 민원을 해소하고 지도자들의 일자리 사업으로 파크골프장 위탁운영을 사업을 하기 위해 사회적협동조합을 설립하여 지도자들의 일자리를 만들어 갈 계획에 있다.

파크골프 1급 지도자(심판) 연수교육

KEIMYUNG UNIVERSITY
파크골프 1급 지도자(심판) 연수교육

2023학년도 대구한의대학교 평생교육원
경
제2기 파크골프2급지도자과정 수료식
축
■ 일시: 2023.06.03.(토) 12:00
■ 장소: 평생교육원 2강의실

파크골프1급 지도자(심판)교육

『노인이 행복한 세상』
2022년 대한노인회 정책위원 초청간담회
|장소| 대한노인회 3층 회의실

2022년 대한노인회 정책위원 초청간담회

27-2 사업체 업무협약

- 대구시 테크노파크
- 메이저월드㈜
- 주식회사 혼마
- ㈜보람상조 등...

27-3 의료재단 업무협약

- 한국건강관리협회
- 한국의료관리자협회
- 대구세강병원
- 노인의료재단
- 국립산림치유원
- 스위스요양병원 등...

27-4 대학교 중 · 고등학교 교원

- 계명문화대학교
- 경덕여자고등학교
- 대구한의대학교
- 부산동명대학교
- 강원도상지대학교
- 강원도세경대학교
- 제일여자고등학교
- 대구교원 총연합회
- 경북대경대학교
- 부산부경대학교
- 전북원광대학교
- 보건전문대학교 등...

28. 베트남·태국 파크골프 교류협약

- 태국노인골프협회
- 베트남 파크골프연맹(가칭) 단체등록중
- 일본프로파크골프협회
  JAPAN PRO PARK GOLF ASSOCIATION

29. 대한파크골프연맹 20주년기념대회

2024년 11월 대구시 위천파크골프장에서 대구시 최초 파크골프장 시설에 공헌을 한 인사들을 초대하여 전국파크골프연맹 회장님을 모시고 전국 선수 300명이 참가하여 파크골프연맹 20주년 기념하는 대회를 성황리에 마치게 되었다.

파크골프는 가족과 함께 할 수 있고 누구나 쉽게 배워 부담 없이 즐길 수 있는 것이 장점으로 지역자치 단체에서는 각종 대회 개최로 지역 관광효과를 보고 있어 지원을 아끼지 않고 있다. 파크골프는 충분히 국민스포츠로 거듭나고 있다.

노인뿐 아니라 다양한 계층의 사람들로부터 여가생활로 인기를 받고 있고 따라서 파크골프 산업분야에서도 확장이 되어 날로 발전하고 있다. 가까운 실내에서 게임 위주로 하는 스크린은 또 다른 장르의 파크골프이다.

각 대학교에서도 만학도를 위한 전문 과정으로 노인복지와 레저 스포츠 커뮤니티 스포츠로, 투어스포츠로 과목을 개강을 하여 여러 분야에서 모든 계층에서 참여하는 건전한 사회를 만들어 가는데 참여하고 있다.

되돌아보니 시작 5년까지가 가장 어려운 시기였고 10년이 되니 파크골프를 아는 사람들이 생기면서 지금은 모르는 사람이 없을 정도의 파크골프가 인기 상승에 있다. 보급에 가장 큰 역할은 지방자치 단체에서 유휴지를 활용으로 공공파크골프장 시설을 확충하는 데 있다.

시작한 지 엊그제 같은데 벌써 20년의 세월이 너무나 빨리 지나가 버렸다. 사회공헌사업이란 이렇게 보람이 있고 가치 있는 일이라는 것을 체험한 기간들이었다. 여기까지 오는 과정이 순탄치 않았고 고생도 했지만 스스로 좋아해서 즐기면서 하게 되었다.

아는 만큼 보인다고 했던가. 아직도 해야 할 일들이 남아 있다. 누군가가 해야 할 일이기에 할 수 있는 사람이 앞장서서 하게 된다. 내게 보이는 일을 즐기며 찾아서 하고 있다. 앞으로 누군가가 파크골프 스포츠로 더 많은 분야의 교육과 산업들이 개발이 되어 발전되어 갈 것이라 생각하며 모든 사람들이 즐기는 매니아들, 여기에서 파생하는 여러 분야의 사업들을 만들어 내는 우리들은 참으로 위대하다 아니할 수 없다.

2025. 8. 31. **천 성 희**

30. 파크골프장 공인인증사업

- 대구시 서재파크골프장
- 전남 화순파크골프장
- 경주파크골프장
- 전북 고창청보리파크골프장

30-1 파크골프매거진 발행

홍보용 카달록과 동영상교육이 필요했고 파크골프장을 만들기 위해서는 생활체육회 가입이 필수였고 가입 요건과 절차가 쉽지 않았다. 유휴지 활용은 자치단체의 협력이 필수이기 때문에 자치단체에 필요성을 어필하는 것이 가장 힘이 들었다. 요즘은 파크골프가 인기를 얻으면서 지자체에서는 지역 관광효과로 서로 앞다투어 파크골프장이 생겨나고 있다. 이제는 파크골프가 대중화가 되어 국민 스포츠로 발전하고 있다.

KOREA 파크골프매거진 발행 (대구시출판등록)

30-2 파크골프교재 20년 변천사

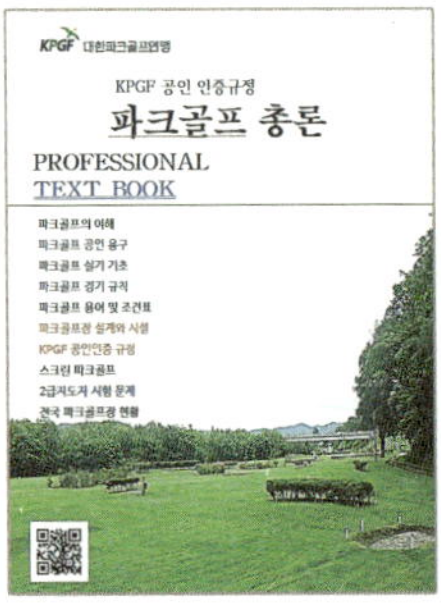

30-3 2023, 파크골프2급 지도자 교재 출판등록

30-4 품질경영시스템 ISO 9001인증

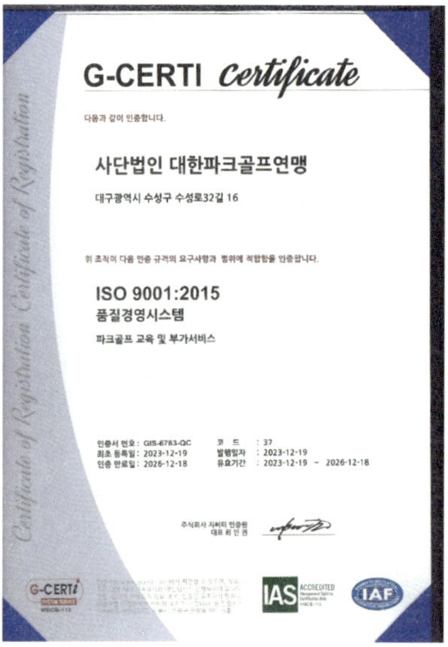

G-CERTI Certificate

다음과 같이 인증합니다.

사단법인 대한파크골프연맹

대구광역시 수성구 수성로32길 16

위 조직이 다음 인증 규격의 요구사항과 범위에 적합함을 인증합니다.

ISO 9001:2015

품질경영시스템

파크골프 교육 및 부가서비스

인증서 번호 : GIS-6783-QC　코　드 : 37

최초 등록일 : 2023-12-19　발행일자 : 2023-12-19

인증 만료일 : 2026-12-18　유효기간 : 2023-12-19 ~ 2026-12-18

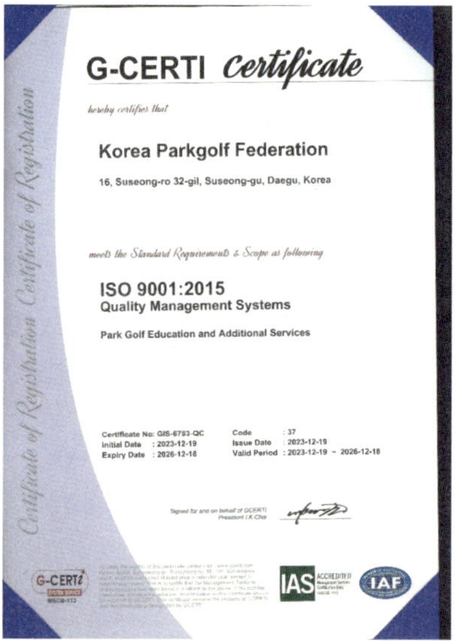

G-CERTI Certificate

hereby certifies that

Korea Parkgolf Federation

16, Suseong-ro 32-gil, Suseong-gu, Daegu, Korea

meets the Standard Requirements & Scope as following

ISO 9001:2015

Quality Management Systems

Park Golf Education and Additional Services

Certificate No: GIS-6783-QC　Code : 37

Initial Date : 2023-12-19　Issue Date : 2023-12-19

Expiry Date : 2026-12-18　Valid Period : 2023-12-19 ~ 2026-12-18

30-5 파크골프 현주소

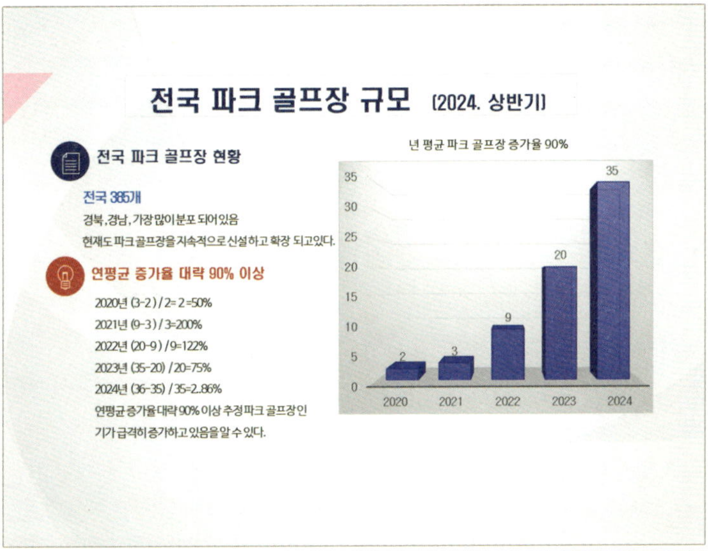
전국 파크 골프장 규모 (2024. 상반기)
전국 파크 골프장 현황
전국 385개
경북,경남, 가장 많이 분포 되어있음
현재도 파크 골프장을 지속적으로 신설하고 확장 되고있다.
연평균 증가율 대략 90% 이상
2020년 (3-2) / 2= 2 =50%
2021년 (9-3) / 3=200%
2022년 (20-9) / 9=122%
2023년 (35-20) / 20=75%
2024년 (36-35) / 35=2..86%
연평균 증가율 대략 90% 이상 추정 파크 골프장인
기가 급격히 증가하고 있음을 알 수 있다.
년 평균 파크 골프장 증가율 90%
35
30
25
20
15
10
5
0
2
3
9
20
35
2020
2021
2022
2023
2024

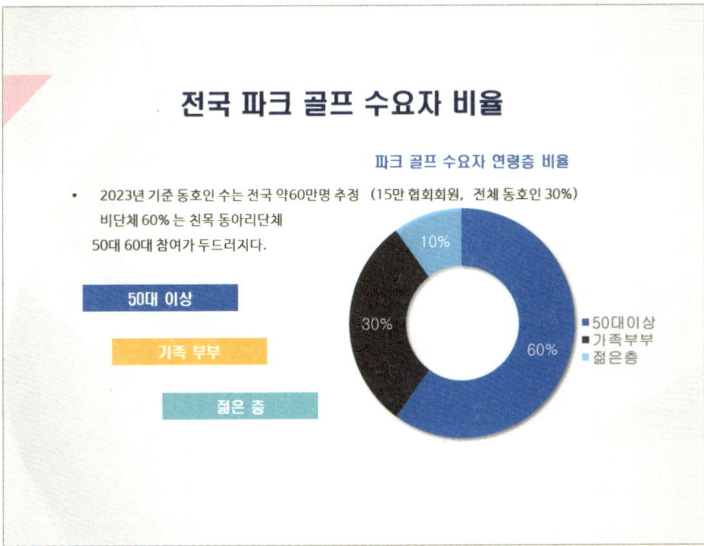
전국 파크 골프 수요자 비율
파크 골프 수요자 연령층 비율
• 2023년 기준 동호인 수는 전국 약60만명 추정 (15만 협회회원, 전체 동호인 30%)
비단체 60% 는 친목 동아리단체
50대 60대 참여가 두드러지다.
50대 이상
가족 부부
젊은 층
10%
30%
60%
50대이상
가족부부
젊은층

온북스
ONBOOKS